工业互联网标识解析技术及应用

谢家贵　李志平　朱润凯　柴森春◎编著

电子工业出版社
Publishing House of Electronics Industry
北京·BEIJING

内 容 简 介

本书从历史、基础知识、架构、部署、标准、安全、应用等维度，较为全面地介绍了工业互联网标识解析技术的内涵、发展与应用。

工业互联网标识解析体系已经被更多的科研人员和普通民众熟知，被更多的企业接受，该体系在全方面提升企业和产业效能上发挥着越来越重要的作用，并终将成为企业的核心基础设施及数字工业时代的关键引擎之一，同时意味着这一体系会创造更多的工作机会。

本书可以作为工业互联网标识解析体系的入门读物和相关开发人员的参考书。

未经许可，不得以任何方式复制或抄袭本书之部分或全部内容。
版权所有，侵权必究。

图书在版编目（CIP）数据

工业互联网标识解析技术及应用 / 谢家贵等编著.
北京：电子工业出版社，2024. 10. -- ISBN 978-7-121-48864-1

Ⅰ．F403-39

中国国家版本馆 CIP 数据核字第 20240KK267 号

责任编辑：朱雨萌
印　　刷：天津嘉恒印务有限公司
装　　订：天津嘉恒印务有限公司
出版发行：电子工业出版社
　　　　　北京市海淀区万寿路 173 信箱　　邮编：100036
开　　本：720×1 000　　1/16　　印张：12.75　　字数：204 千字
版　　次：2024 年 10 月第 1 版
印　　次：2024 年 10 月第 1 次印刷
定　　价：78.00 元

凡所购买电子工业出版社图书有缺损问题，请向购买书店调换。若书店售缺，请与本社发行部联系，联系及邮购电话：（010）88254888，88258888。
质量投诉请发邮件至 zlts@phei.com.cn，盗版侵权举报请发邮件至 dbqq@phei.com.cn。
本书咨询联系方式：zhuyumeng@phei.com.cn。

前　言

工业互联网标识解析的相关内容主要分布在中国信息通信研究院发布的数十个工业互联网白皮书和标准中，编写本书的主要目的是梳理已发布的工业互联网标识解析的相关内容，提纲挈领地描述标识解析体系的概念、框架、技术及应用场景，在拓展知识广度的同时兼顾技术深度，通过应用场景的持续创新推动标识解析的全面发展。

第一章简单回顾工业互联网发展简史，工业互联网标识解析继承的是互联网的域名解析技术。

第二章介绍标识的基础知识，包括已发布标准中的几种标识编码体系，如GS1、VAA、DID，还有标识编码关键要素、标识载体和标识语义化。

第三章介绍由国家顶级节点、二级节点、企业节点、递归节点等组成的标识解析体系架构，以及标识解析体系的关键业务：标识注册、标识解析、标识数据参考模型。

第四章介绍标识解析体系部署实施，包括标识解析体系实施架构、二级节点、企业节点和递归节点。

第五章介绍标识解析体系的标准体系，包括已经发布的标准和正在制定的标准。

第六章介绍标识解析体系安全，包括安全风险、安全防护、可信解析、容灾和容错。

第七章介绍标识解析体系在电力装备、船舶、汽车、石化等行业中的典型应用场景，以及在供应链、智能制造中的部署情况。

第八章介绍标识解析体系的挑战和标识解析的前景，阐述标识解析和工业智能、工业区块链的结合模式，展望标识解析的发展趋势。

当前，工业互联网标识解析体系正在高速发展过程中，各种新理念、新技术、新应用场景都在持续迭代更新，相关标准正在积极制定中，编者的认识必然存在一定的局限性，不足之处恳请各位读者批评指正。

编　者

2024 年 3 月

目 录

第一章 概述 1
1.1 工业互联网发展简史 3
    1.1.1 互联网 3
    1.1.2 工业软件 3
    1.1.3 工业网络 9
    1.1.4 工业互联网 14
1.2 互联网 DNS 16
    1.2.1 域名结构 16
    1.2.2 资源记录 17
    1.2.3 服务器分类 18
    1.2.4 解析流程 19
1.3 工业互联网标识解析 20

第二章 标识的基础知识 23
2.1 标识编码体系 24
    2.1.1 GS1 25
    2.1.2 Handle 26
    2.1.3 OID 27
    2.1.4 Ecode 28
    2.1.5 VAA 33
    2.1.6 DID 35
    2.1.7 MA 36

2.2 标识编码关键要素 37
2.2.1 编码原则 37
2.2.2 已有优先 38
2.2.3 表现多样 38
2.3 标识载体 38
2.3.1 一维条码 39
2.3.2 二维码 39
2.3.3 射频识别码（RFID） 41
2.3.4 近场通信标识（NFC） 43
2.3.5 主动标识载体 43
2.4 标识语义化 52
2.4.1 RDF 语义数据模型 53
2.4.2 标识数据语义化过程 54
2.4.3 数据描述 55
2.4.4 状态描述 56
2.4.5 上下文描述 57
2.4.6 数据字典 58
2.4.7 映射 59
2.4.8 语义库 59
2.4.9 数据语义信息示例 59

第三章 标识解析体系架构 62
3.1 总体架构 63
3.1.1 根节点 64
3.1.2 国家顶级节点 64
3.1.3 二级节点 64
3.1.4 企业节点 65
3.1.5 递归节点 65

  3.1.6 托管与灾备节点 65
 3.2 标识注册 66
  3.2.1 注册管理 66
  3.2.2 注册协议 67
 3.3 标识解析 68
 3.4 解析协议 69
  3.4.1 权威解析协议数据包 70
  3.4.2 权威解析协议功能 73
 3.5 标识数据参考模型 75

第四章 标识解析体系部署实施 77
 4.1 标识解析体系实施架构 78
  4.1.1 设备层 79
  4.1.2 边缘层 80
  4.1.3 企业层 80
  4.1.4 产业层 81
  4.1.5 部署模式 82
 4.2 二级节点 82
  4.2.1 架构 83
  4.2.2 命名规则 84
  4.2.3 设计要求 84
  4.2.4 基本功能 85
  4.2.5 安全要求 92
  4.2.6 部署要求 93
  4.2.7 运营规范 94
  4.2.8 节点对接 94
  4.2.9 性能指标 95
 4.3 企业节点 96

4.4 递归节点 ... 97

第五章 标识解析体系的标准体系 ... 99
5.1 整体架构标准 ... 101
5.2 编码与存储标准 ... 103
5.3 标识采集标准 ... 104
5.4 解析标准 ... 105
5.5 交互处理标准 ... 106
5.6 设备与中间件标准 ... 107
5.7 异构标识互操作标准 ... 108
5.8 应用标准 ... 109
5.9 标准制定组织架构 ... 111

第六章 标识解析体系安全 ... 113
6.1 安全风险 ... 114
6.1.1 漏洞和威胁 ... 115
6.1.2 风险 ... 117
6.1.3 安全风险分析模型 ... 117
6.2 安全防护 ... 120
6.2.1 安全防护对象 ... 120
6.2.2 接入认证 ... 122
6.2.3 网络安全框架 ... 124
6.3 可信解析 ... 125
6.3.1 可信计算 ... 126
6.3.2 可信服务关键要素 ... 127
6.3.3 可信工业数据空间 ... 130
6.3.4 IDIS 可信解析 ... 134
6.4 容灾 ... 135
6.4.1 容灾方式 ... 136

目录

- 6.4.2 评估指标 ... 137
- 6.4.3 容灾架构 ... 137
- 6.5 容错 ... 139
  - 6.5.1 错误源 ... 139
  - 6.5.2 冗余类型 ... 140
  - 6.5.3 容错处理 ... 141
  - 6.5.4 容错策略 ... 141
  - 6.5.5 容错模式 ... 142

第七章 标识解析体系应用 ... 143

- 7.1 标识应用 ... 144
  - 7.1.1 典型特征 ... 144
  - 7.1.2 标识应用图谱 ... 146
  - 7.1.3 挑战 ... 147
- 7.2 电力装备行业 ... 148
  - 7.2.1 标识解析实施架构 ... 148
  - 7.2.2 标识对象分析 ... 149
  - 7.2.3 标识数据应用 ... 149
  - 7.2.4 应用案例——电网资产全生命周期管理 ... 150
- 7.3 船舶行业 ... 152
  - 7.3.1 产业链 ... 152
  - 7.3.2 标识对象分析 ... 153
  - 7.3.3 应用案例——船舶制造智能化管控 ... 154
- 7.4 汽车行业 ... 156
  - 7.4.1 产业链 ... 157
  - 7.4.2 行业特点 ... 157
  - 7.4.3 转型方向 ... 158
  - 7.4.4 标识数据分析 ... 159

  7.4.5 应用案例——新能源汽车电池溯源与回收 161

 7.5 石化行业 162
  7.5.1 产业链 162
  7.5.2 行业特点 163
  7.5.3 变革方向 164
  7.5.4 标识对象分析 165
  7.5.5 标识数据分析 167
  7.5.6 应用案例——化工设备运行状况在线监测及预警 167

 7.6 供应链 170
  7.6.1 供应链和工业互联网 170
  7.6.2 供应链和标识解析 172

 7.7 智能制造 173
  7.7.1 部署架构 174
  7.7.2 生产环节应用需求 174
  7.7.3 应用模式 175

第八章 挑战、前景与未来 177

 8.1 标识解析体系的挑战 178
 8.2 标识解析的前景 179
 8.3 标识解析和工业智能 180
 8.4 标识解析和工业区块链 182
 8.5 标识解析的发展趋势及展望 183

附录 A 术语表 187

参考文献 189

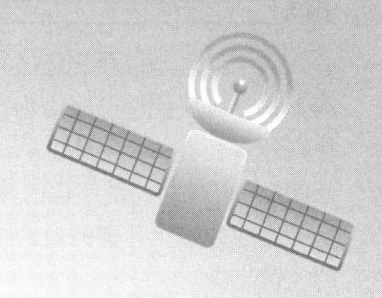

第一章　概述

数字经济是以数字化的知识和信息作为关键生产要素，以数字技术为核心驱动力量，以现代信息网络为重要载体，通过数字技术与实体经济深度融合，不断提高经济社会的数字化、网络化、智能化水平，加速重构经济发展与治理模式的新型经济形态[1]。数字化的核心是智能化。

企业数字化转型的目的是获得竞争优势，工业互联网是实现工业数字化转型的关键支撑。

工业互联网的发展目标是通过将自身的创新活力深刻融入各行业、各领域，最终推进工业数字化转型与经济高质量发展。为实现这一目标，构建全要素、全产业链、全价值链全面连接的新基础设施是关键环节，也是工业数字化、网络化、智能化发展的核心。全面连接将显著提高数据采集、集成管理与建模分析的水平，大幅度提高资源配置效率，促进生产经营决策更加精准和智能，使各类商业和生产活动的网络化组织成为可能。

工业互联网是工业数字化的基础设施，标识解析体系是工业互联网的基础要件，标识解析体系赋予工业互联网中每个业务对象可溯源的唯一身份，为工业数字化时代的物-物、人-物协同提供身份技术保障。

从如图 1.1 所示的生物医药企业数字化转型技术框架体系中可以看出，数字化转型后的企业全面要求数字系统支撑日常运营，包括工艺设备、网络通信、采集控制、平台、业务应用、安全管理、合规管理等。在图 1.1 中，工业互联网位于网络通信层，负责衔接设备与设备控制。

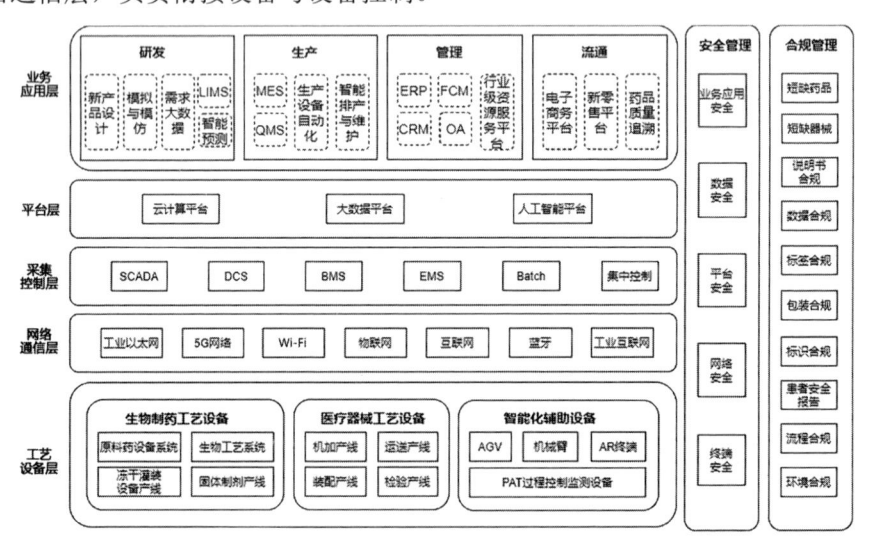

图 1.1　生物医药企业数字化转型技术框架体系

来源：工业互联网产业联盟，《生物医药企业数字化转型白皮书（2021 年）》。

第一章 概述

在全球企业数字化浪潮的大背景下,工业互联网及其标识解析体系将像互联网和 DNS 一样,在数字化运营过程中扮演基础设施角色,发挥关键作用。

1.1 工业互联网发展简史

与工业互联网密切相关的主题包括互联网(Internet)、工业软件、工业网络。其中,互联网连接企业,企业内部使用工业网络连接工业软件,它们都是工业互联网的基本组件。

1.1.1 互联网

1968 年 6 月 3 日,劳伦斯·罗伯茨(Lawrence G. Roberts)提交了"资源共享的电脑网络"研究计划,其目标是让阿帕(Advanced Research Projects Agency,ARPA)的计算机互相连接以共享信息。根据这份研究计划组建的网络就是阿帕网。1974 年,温顿·瑟夫(Vinton G. Cerf)和罗伯特·卡恩(Robert Elliot Kahn)正式发表 TCP/IP 协议。1983 年 1 月 1 日,阿帕网正式采用 TCP/IP 协议,这标志着互联网正式登上历史舞台,从此世界进入互联网信息时代。

1994 年 4 月,马克·安德森(Marc Andreessen)和吉姆·克拉克(Jim Clark)成立了 Mosaic Communications Corporation,后更名为网景公司(Netscape Communications Corporation),并在 Mosaic 浏览器的基础上推出网景浏览器(Netscape Navigator)。1995 年 8 月 9 日,网景公司在 Nasdaq 上市,开启了互联网创业和投资时代。

1.1.2 工业软件

工业是指采集原料并把它们加工成产品的工作和过程。

制造业是指使用劳动力和机器、工具、化学、生物加工技术、配方等生产可供使用或销售的产品。制造业通常也指一系列人类活动，从手工业到高技术制造业，最常应用于工业生产，其中的原材料被大规模转化为成品。这些成品可用于制造其他更复杂的产品，如家用电器、汽车或飞机等。

制造业分为流程型制造和离散型制造两大类。

流程型制造又被称为连续性生产，是以资源和可回收资源为原料，通过物理变化和化学反应而实现的连续复杂生产；它是为制造业提供原材料和能源的基础工业，包括石化、化工、造纸、水泥、有色、钢铁、制药、食品饮料等行业。

流程型制造的运行模式特点包括原料变化频繁、生产过程涉及物理变化和化学反应、机理复杂。它的生产过程要连续，不能停顿，任一工序出现问题必然会影响整个生产线和最终的产品质量。部分产业的原料成分、设备状态、工艺参数和产品质量等无法被实时或全面检测。该运行模式特点导致流程型制造测量难、建模难、控制难和优化决策难。

离散型制造为物理加工过程，其特点是产品可单件计数、制造过程易数字化、强调个性化需求和柔性制造。

流程型制造和离散型制造的特点也决定了参与制造作业的软件的特点，即狭义上的工业软件。

图 1.2 所示为工业软件全景示意。工业软件其实是一个非常大的软件范畴，包括工业物理学和工业管理学，不仅涉及各工业的垂直领域（航天航空、机械、汽车、消费电子、军工、制药等），还涉及工业工艺的各流程环节（研发、生产、管理、协同等），甚至包括工厂设计，特别是数字工厂[2]。

工业软件身兼"工业品"与"软件"双重属性。工业软件和工业设备、工业品一样，是工业化过程中人类智慧与劳动的沉淀和结晶，以工业知识为内核，以工业设备为伙伴，外层包裹软件。工业软件与工业升级是相辅相成的关系，是高水平工业化的产物，同时是工业的一个组成部分。

工业软件是物理、化学、生物等自然科学知识与人类设计制造实践相互结合、相互浸润、长期磨合而成的人类智慧的表达，代表着工业文明的高级形态。

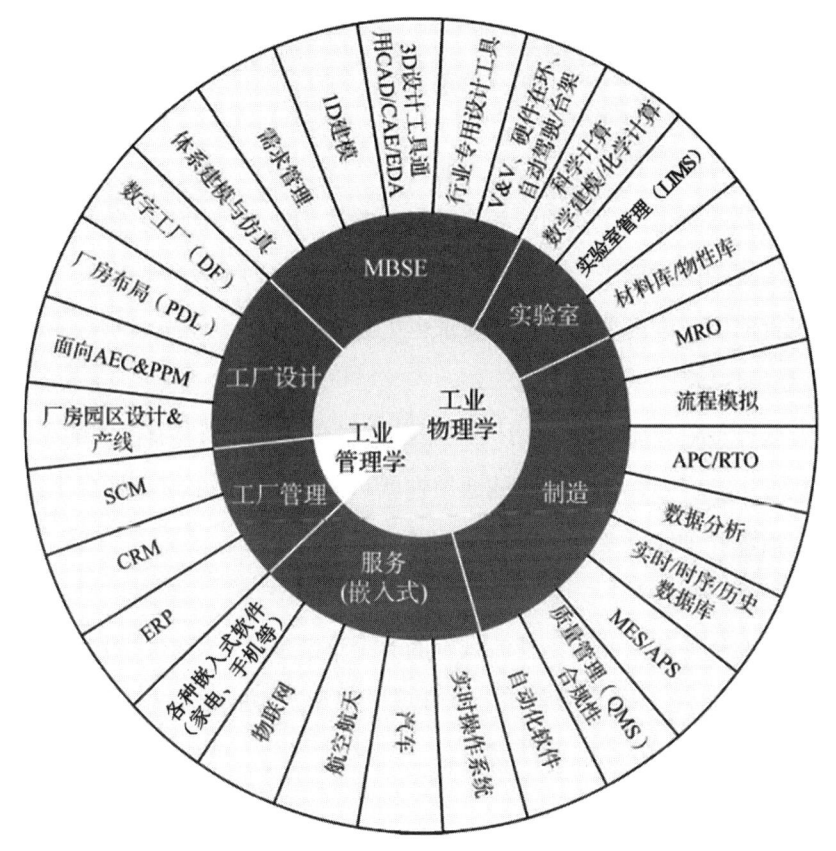

图1.2 工业软件全景示意

来源：林雪萍，《工业软件简史》。

工业软件的本质是将特定工业场景下的经验知识，以数字化模型或专业化软件工具的形式积累下来，重复使用，以提高效率、降低成本。

工业软件的意义在于连接设计与制造。设计是指在实际产品制造之前，使用可视化的方式规划和优化产品的全生命周期制造过程。工业软件使用数字化解决了产品试制周期长、制造工艺不稳定等现实问题。

工业软件是工业数据的主要来源。工业软件的产业属性本质上属于工业制造业类，而不属于信息产业类。工业系统本质上是信息物理系统（Cyber-Physical System，CPS）一直进行软件、硬件融合的产物：工业知识不断"软化"为工业软件；工业软件不断"硬化"为芯片、控制器、设备、生产线，直至数字工厂。

1.1.2.1 工业软件特点

工业软件特点介绍如下。

1）维度多样化

工业软件蕴含工业生产的业务流程和工艺，工业生产的工艺有多复杂，工业软件就有多复杂。相对于一般的商业软件，工业软件对非功能性需求、硬件设施和运行平台的要求维度更多，指标要求也更高。

2）通用性较低

工业软件行业异质性强，由于不同下游在生产制造环节具有不同的工艺要求，因此越接近生产实际，工业软件的通用性就越低，就越需要进行平台化设计，并根据行业需求、企业需要进行客户化开发或配置。

3）协同要求高

每个工业软件都只完成工业流域中的一个环节或一个部分，相当于大系统中的一个模块。由于它必须和其他工业软件或硬件设备协同配合才能发挥最大价值，因此开放的接口和协议是其必然需求。

1.1.2.2 工业软件分类

表 1.1 中把工业软件分为运营管理类、生产控制类、研发设计类、嵌入式 4 类。

表 1.1 工业软件分类

类别	典型产品	功能
运营管理类	ERP（Enterprise Resource Planning，企业资源计划） SCM（Supply Chain Management，供应链管理） EAM（Enterprise Asset Management，企业资产管理） OA（Office Automation，办公自动化） WMS（Warehouse Management System，库存管理系统）	提高管理水平 提高信息流效率
生产控制类	MES（Manufacturing Execution System，制造执行系统） SCADA（Supervisory Control and Data Acquisition，数据采集与监控） HMI（Human Machine Interface，人机界面） DCS（Distributed Control System，分布式控制系统）	提高设备效率 提高制造质量 降低制造成本

续表

类别	典型产品	功能
研发设计类	CAD（Computer Aided Design，计算机辅助设计） CAE（Computer Aided Engineering，计算机辅助工程） CAPP（Computer Aided Process Planning，计算机辅助工艺规划） CAM（Computer Aided Manufacturing，辅助制造） EDA（Electronic Design Automation，电子设计自动化） MBSE（Model-Based Systems Engineering，基于模型的系统工程）	提高开发效率 降低开发成本
嵌入式	嵌入式操作系统 嵌入式支撑软件 嵌入式应用软件	提高设备智能 提高制造质量

在企业运营管理层面，ERP、SCM、OA 等系统协同配合，打造整体数字化解决方案，形成企业内全域数字化有机整体，实现企业的数字化管控。

1964 年，Toolmaker Black and Decker 提出了物料需求计划（Material Requirement Planning，MRP）解决方案。1983 年，制造资源计划（MRPII）被提出，该计划包括采购、物料清单、排程和合同管理。随着互联网技术的发展，ERP 于 1990 年被提出，随后快速普及。

简单来说，ERP 是有助于企业全面管理业务运营的一类软件系统，它能够帮助企业全方位管理财务、人力资源、制造、供应链、服务、采购等流程。从软件分工来说，ERP 更倾向于全企业（包括部分外部企业）的日常业务管理，它是通过软件来表现流程的管理技术和管理工具。

生产控制类、研发设计类工业软件是集人类基础学科和工程知识之大成者。各类工业软件在工业发展过程中不断促进设备智能化和工艺流程优化，这相当于人类大脑发挥的作用。MBSE 是支撑复杂工业品开发的一种方法论和系统观。MBSE 正与工业互联网平台集成融合，构建"工业互联网平台+MBSE"的技术体系。

DCS 是一个由过程控制级和过程监控级组成的，以通信网络为纽带的多级计算机系统，综合了计算机、通信、显示和控制等技术，其基本思想是分散控制、集中操作、分级管理、配置灵活及组态方便。火电 DCS 如图 1.3 所示。DCS 的设计目的是过程自动化，用于控制精度要求高、测控点集中的流程工业，如化工、冶金、电站等工业过程[3]。

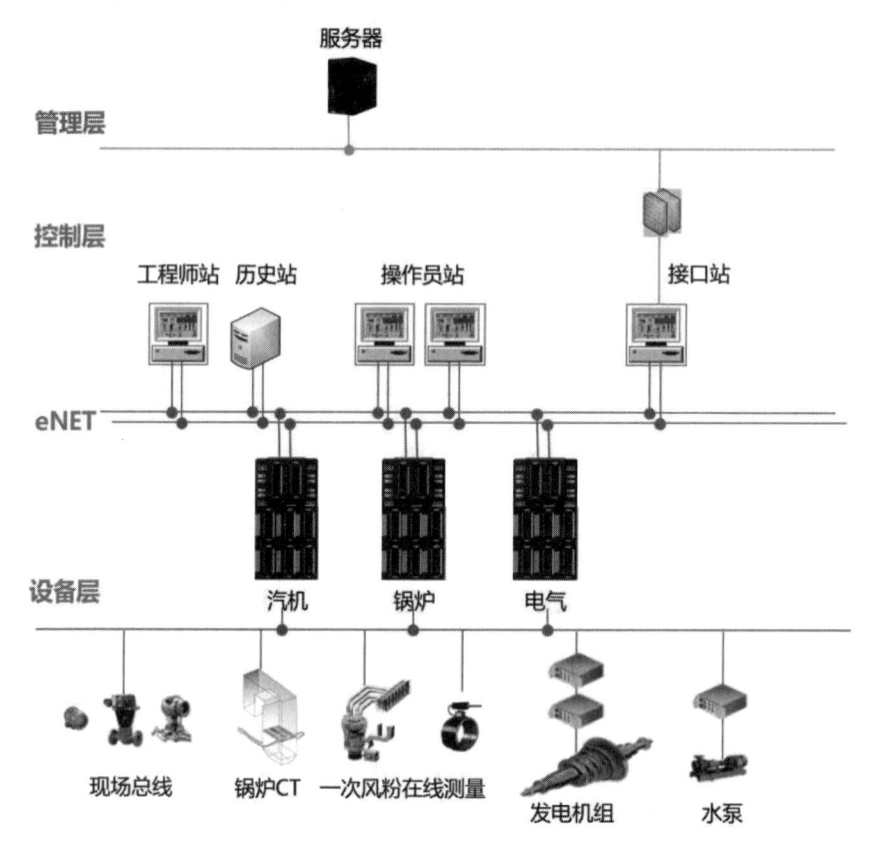

图 1.3 火电 DCS

来源：工业互联网产业联盟，《电力确定性网络应用白皮书》。

MES 是以机器为中心、向上到 ERP、向下到 HMI 的一个管理平台，是传统制造的核心中枢。它解决了物流计划与执行系统之间的关联问题。

WMS 是通过入库业务、出库业务、仓库调拨、库存调拨和虚仓管理等功能，对批次管理、物料对应、库存盘点、质检管理、即时库存管理等功能进行综合运用的管理系统。结合使用 WMS 与 MES，可以使企业员工在分拣时把物料的供应商信息和仓库流转信息传递到配料标签上，当物料连同配料标签被送到车间时，可通过配料标签达到精确追溯及防错的目的。对只需要模糊追溯的物料来说，在领料时将工单、物料的供应商信息和仓库流转信息进行关联即可。

SCADA 主要用于测控点分布范围广泛的生产过程或设备的监控。在通常情况下，测控现场是无人或少人值守的，如移动通信基站、长距离石油输送管道的远程监控、环保监控等。

在制药行业中，SCADA 一般包括生产过程的实时监控、异常报警记录、数据处理与分析、实时数据管理与归档、权限管理等。数据处理与分析是 SCADA 的核心，它由数据采集、实时数据库、事件报警、历史趋势数据库、历史数据/事件报警转储等功能模块共同组成。同时，SCADA 考虑配置审计追踪功能，保证操作的可追溯性。制药企业的生产过程通常可分为原料药生产和成品药生产两个阶段。原料药生产的流程控制一般通过大型 DCS 完成；而在成品药生产过程中，各工艺步骤使用的设备通常通过内置的 PLC（Programmable Logic Controller，可编程逻辑控制器）系统进行控制。这些 PLC 系统一般来自不同厂家，各系统之间相互独立[4]。

随着互联网和新一代信息技术的不断渗透和蔓延，工业控制系统与管理信息系统交叉互联，逐渐形成了一体化、融合化、数字化的系统。自动化控制系统通过与 DCS 或 SCADA 建立接口采集现场控制数据及信息，并与 MES 建立接口实现信息流互通。MES 通过和批处理系统的交互来确定不同批次的生产参数，这些参数经由 MES 确认后被下发至自动化控制系统。自动化控制系统把时间、状态、过程参数等数据回传给 MES，完成电子批记录。

工业软件和工业网络是工业互联网的重要基石。在工业互联网时代，工业软件将成为工业互联网的大脑，而工业网络将成为工业互联网的神经。

1.1.3 工业网络

业务和技术是推动工业网络演进的主要驱动力。

最初的工业网络基于工业控制系统发展而来，随着工业企业网络化、信息化进程的不断推进，工业网络逐步发展，涵盖了工业控制网络和工业信息网络。在新技术的推动下，工业控制网络与工业信息网络逐渐融合，具备了支持多业务、多协议、多厂商设备和数据的互联互通能力,以及共网承载和高质量传输的能力[5]。

工业网络 3.0 功能架构可分为应用层、编排层、控制层、网络层,如图 1.4 所示。

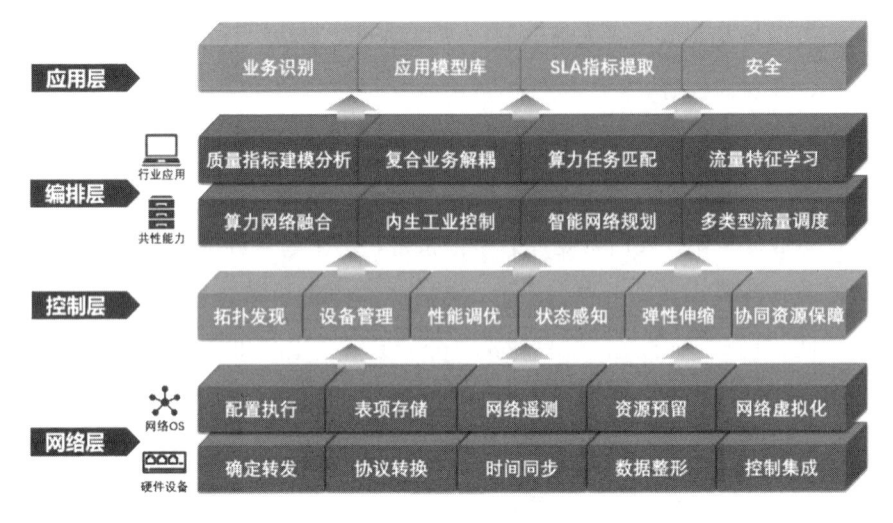

应用层:业务识别 | 应用模型库 | SLA指标提取 | 安全

编排层
- 行业应用:质量指标建模分析 | 复合业务解耦 | 算力任务匹配 | 流量特征学习
- 共性能力:算力网络融合 | 内生工业控制 | 智能网络规划 | 多类型流量调度

控制层:拓扑发现 | 设备管理 | 性能调优 | 状态感知 | 弹性伸缩 | 协同资源保障

网络层
- 网络OS:配置执行 | 表项存储 | 网络遥测 | 资源预留 | 网络虚拟化
- 硬件设备:确定转发 | 协议转换 | 时间同步 | 数据整形 | 控制集成

图 1.4 工业网络 3.0 功能架构

来源:工业互联网产业联盟,《工业网络 3.0 白皮书(2022 年)》。

应用层负责识别上层业务提出的需求,并将其转换为工业网络内部的各种服务指标。

编排层包含上下两部分。行业应用平台负责根据应用层所理解的具体需求,对复杂任务进行拆解,并为不同业务建立特有的流量模型,同时根据服务指标监控业务和网络的质量;共性能力平台则负责将工业控制能力及计算和网络资源融合为统一视图,并基于流量模型对其进行智能编排,进而实现自适应的网络构建。

控制层感知当前网络状态并跨域管理网络资源,根据网络编排结果对网络设备进行管理配置,从而为上层业务提供资源保障。

网络层负责提供工业网络的基础功能,其中,网络 OS 配合控制层的指令调整和监控设备配置,实现网络遥测与资源预留等功能;硬件设备则从硬件层次上保障网络的确定性转发与实时模态转换,并将工业控制能力集成到网络设备中。

1.1.3.1 工业网络 3.0

工业网络 3.0 技术继承了工业网络原有的网络技术(包括现场总线和传统工业

以太网、工业无线及广域网技术），在 5G/6G、TSN 等新型网络技术应用于工业网络的基础上，在转发技术、管控技术和融合技术 3 个领域进行进一步创新。工业网络 3.0 关键技术图谱如图 1.5 所示。

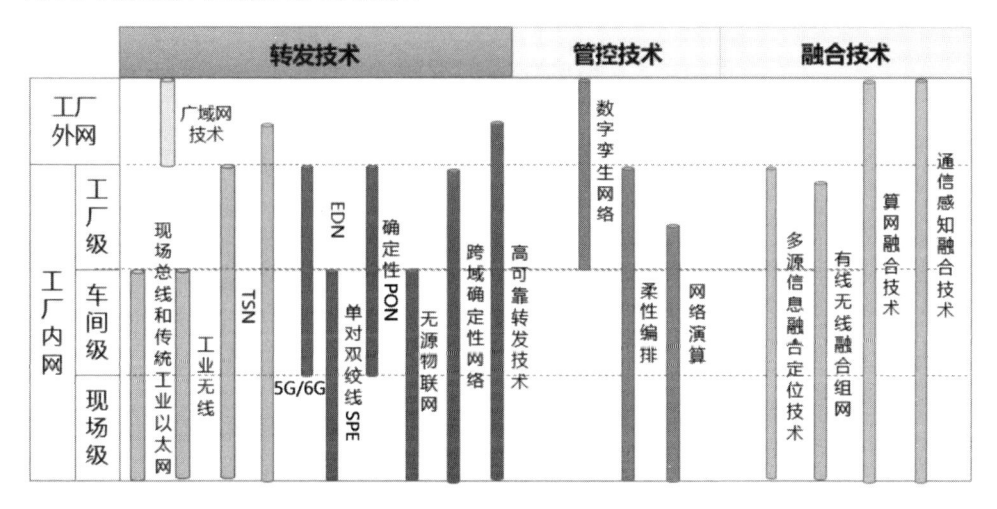

图 1.5　工业网络 3.0 关键技术图谱

来源：工业互联网产业联盟，《工业网络 3.0 白皮书（2022 年）》。

在转发技术领域，以确定性承载为目标，依赖 TSN、5G/6G、无源物联网、跨域确定性网络、高可靠转发技术、增强确定性网络等技术的演进，构建内生确定性承载网络技术。

在管控技术领域，以开放自治为目标，依赖网络演算、柔性编排、数字孪生网络等技术的演进，发展智能原生的网络运维技术。

工业网络 3.0 还通过算网融合技术、通信感知融合技术、多源信息融合定位技术和有线无线融合组网融合通信信息技术，推动工业互联网不断演进升级。

1.1.3.2　工业生产网络和工业园区网络

工业生产网络主要连接工厂内部的各种要素，包括人员（如生产人员、设计人员、外部人员）、机器（如生产装备）、材料（如原材料、过程件、制成品）、环境（如仪表、监测设备）等，包含多种不同的生产终端[6]。工业生产网络架构如图 1.6 所示。

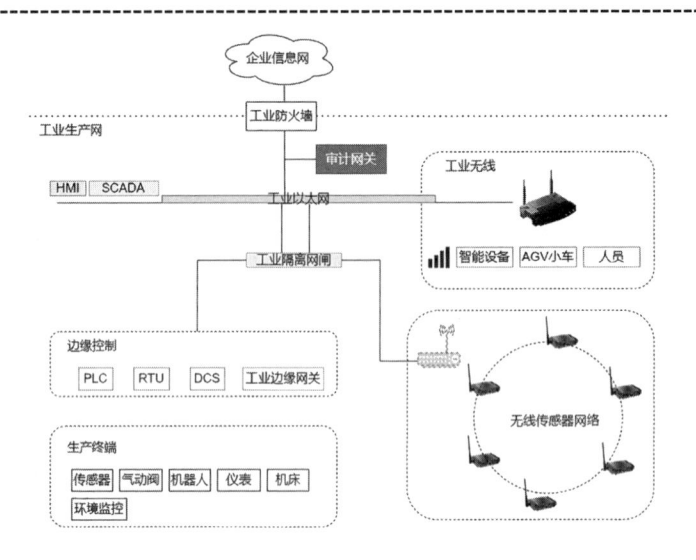

图 1.6　工业生产网络架构

来源：工业互联网产业联盟，《工业互联网园区终端接入自动化技术白皮书（2021 年）》。

工业园区网络实现了企业内部不同业务、终端之间的连接和通信。工业园区网络主要由工业生产网络、企业信息网络、园区公共服务网络及云基础设施组成，其架构如图 1.7 所示。

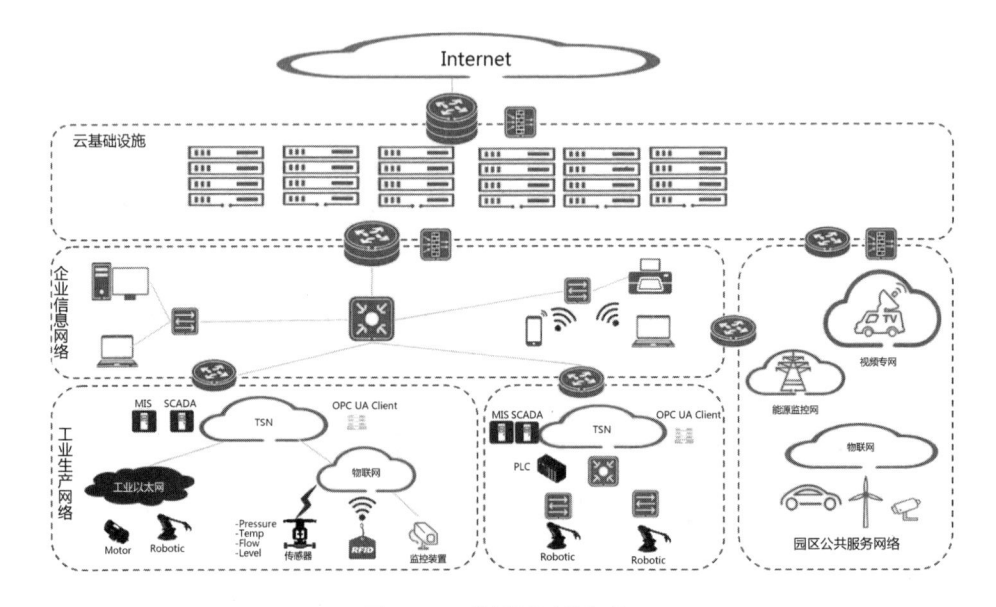

图 1.7　工业园区网络架构

来源：工业互联网产业联盟，《工业互联网园区终端接入自动化技术白皮书（2021 年）》。

1.1.3.3 确定性网络

确定性网络（Deterministic Networking，DetNet）是为确定性业务流提供服务的网络，其主要特征包括亚微秒级精度的时钟同步、关键业务数据通信的有界延迟和抖动、网络冗余和自愈等[3]。

物理层的 DetNet 技术主要采用 FlexE（灵活以太网）技术。FlexE 技术基于高速以太网（Ethernet）接口，在 EtherNet/IP 技术体系下较好地满足了大带宽、灵活速率及通道隔离等需求，符合技术与产业的发展趋势。视频、无线通信技术等业务的兴起，以及 FlexE 技术的完善与功能的增强正在加速 FlexE 产业链的形成。

数据链路层的 DetNet 技术主要是时间敏感网络（Time-Sensitive Networking，TSN）技术。TSN 通过 IEEE 802.1AS（时钟同步）、IEEE 802.1Qbv（时隙控制）、IEEE 802.1Qbu&IEEE 802.3br（帧抢占）、IEEE 802.1CB（冗余数据传输）等技术确保数据链路层端到端的确定性时延。TSN 允许每个节点都有对应的同步时钟和数据队列，同步时钟用于同步计算，而数据队列用于处理数据优先级，包括针对高动态数据的快速通道方式、抢占式机制。

DetNet 技术的核心思想是面向全局性大网场景，在排队转发机制上使用 TSN 定义的技术，并基于网络层协议定义的方案，在统计复用的基础上提供确定性时延和抖动。其核心思想是定义一种通用架构，对数据平面和网络层超低时延操作、管理与维护进行标准化，涉及多跳路由的时间同步、控制和安全，以及动态网络配置与多路径转发。

DetNet 通过拥塞保护、显式路由、服务保护来提供 QoS（Quality of Service，服务质量）。

由于 DetNet 技术的特点是精准的网络时间同步和确定的传输时延，因此该技术可以很好地实现各种设备之间实时、确定而可靠的数据传输，满足众多工业场景的应用需求。

DetNet 可以解决工业控制、远程医疗、在线游戏等对时延要求特别高的应用的需求，其部署还可以与固移融合网络及边缘云统筹考虑。

面向工业制造的 DetNet 技术作为兼具理论创新性与技术实用性的前沿领域

技术，对推动新一代工业互联网技术创新、促进工业制造和高质量网络融合发展具有价值，为抢占 DetNet 技术制高点、抓住新的经济增长点提供了机遇。

对工业网络来说，智能开放的运维管理架构尤其重要。工业网络的特点是构成复杂、业务多样、可用性要求高，需要强大的运维管理才能满足其特点的需求。人工智能将在运维管理中发挥更大作用，特别是在故障预见、故障定位、故障排除等方面。

从网络技术的角度来说，工业互联网环境有两个特殊需求，一个是极高的可靠性，另一个是极低的时延（或确定性时延），这正是 DetNet 要解决的问题。

互联网、工业软件、工业网络是工业互联网实现人、机、物、系统等全要素互联互通，支撑生产制造与管理控制智能化发展的关键基础设施。

1.1.4 工业互联网

工业互联网（Industrial Internet）的概念由通用电气公司（GE）在 2012 年提出，其初衷是制定一系列通用标准以打破技术壁垒，激活传统工业过程，促进物理世界和数字世界的融合，实现各设备厂商的信息集成和共享。2014 年 3 月，GE、AT&T、Cisco、IBM、Intel 成立了工业互联网联盟（Industrial Internet Consortium，IIC）。2021 年 8 月 31 日，其名称改为工业物联网联盟（Industrial IoT Consortium，IIC）。

工业互联网被定义为新一代信息通信技术与工业经济深度融合的新型基础设施、应用模式和工业生态。

工业互联网首先通过连接（通信）技术，实现工业生产全流程要素资源的连接，然后通过计算技术，存储并运算数据，挖掘数据价值，优化生产流程，打通薄弱环节，从而使效率提高、生产力提升、成本下降、利润增长。

工业互联网的核心更强调计算而不仅仅是连接，其目的在于实现设备、企业、人、机构之间的可信互联。

工业互联网不仅涵盖了与工业领域相关的所有实体、工具、数据、方法与流程，还涉及软硬件数据协议、分布式技术、去中心化技术、虚拟化技术、数据建模与分析等多种关键技术和工具。

第一章 概述

从宏观层面来看，工业互联网通过工业经济全要素、全产业链、全价值链的全面连接，支撑制造业从信息化向数字化转型，不断催生新模式、新业态、新产业，重塑工业生产制造和服务体系，实现工业经济高质量发展。

从技术层面来看，工业互联网是新型网络、先进计算、大数据、人工智能等新一代信息通信与制造融合的新型工业数字化系统，它广泛连接各类生产要素，构建支撑海量工业数据管理、建模与分析的数字化平台，提供端到端的安全保障，以此驱动制造业的智能化发展，引发制造模式、服务模式与商业模式的创新变革。

从可信角度来说，作为工业全要素、全产业链、全价值链连接的枢纽，工业互联网的目的在于实现设备、企业、人、机构之间的可信互联。在工业互联网中，数据要素必须做到有效管理，这直接制约工业互联网中不同参与方之间的可信协作。

物联网（Internet of Things，IoT）是由物理对象组成的网络。这些物理对象嵌入了传感器、软件、网络连接和其他技术，可以通过网络与其他设备和系统建立连接并交换数据。

在制造业领域中，物联网、工业物联网及工业互联网在部分场景下可以看作同义词，它们都是基于互联网技术和标准将具有计算能力的物理实体相互连接的网络。与以往的信息化、物联网不同的是，工业互联网更突出以下3个方面[7]：

（1）"物"通常分布在世界各地，如全球工厂，即通常不考虑单个工厂部署的系统（如MES）；

（2）多方利益相关者都对"物"的使用保持关注，即"物"的所有者通常会与利益相关方（如制造商）进行信息共享；

（3）以数据为中心、推动智能化应用是工业互联网的突出特点，这将有助于企业系统建设思路的转变，从而发现更优秀的解决系统。

工业互联网是互联网、数字化、人工智能与工业融合发展的必然结果，也是工业化继续前进的必要基础设施。工业互联网参考借鉴了互联网的概念、技术和体系结构，继承和发展了工业网络与工业软件的技术沉淀。

互联网的基本功能之一是根据域名访问不用的服务，域名通过DNS映射IP地址；类似地，工业互联网标识解析的功能是根据标识编码查询目标对象的网络位置或者相关信息。在架构上，工业互联网标识解析借鉴了互联网的 DNS 架构，同时与工业网络和工业软件相结合，实现工业对象的寻址与解析。

1.2 互联网 DNS

域名便于人类记忆、阅读和使用，却不便于计算机处理，因为域名是一个分级的、变长的字符串。互联网主机的 IP 地址长度是固定的，IPv4 地址长度为 32 位（如 192.168.109.115），IPv6 地址长度为 128 位（如 2409:8900:1ae0:15c0:af23:f302:a407:ce58）。IP 地址便于计算机处理，但对人类来说过于抽象，不方便记忆，而域名系统就是用来化解这个矛盾的。

互联网通过域名得到该域名对应的主机 IP 地址的过程叫作域名解析（Domain Name Resolution）。域名系统（Domain Name System，DNS）是互联网实现域名和主机 IP 地址映射的分布式数据库。

1.2.1 域名结构

域名结构是典型的树状结构，如图 1.8 所示。

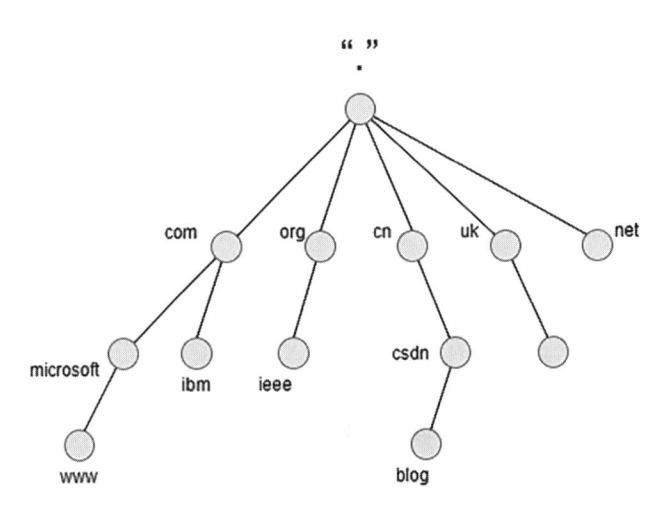

图 1.8　域名结构

总体来说，域名是从整体到局部的多层结构。域名结构的顶端代表根服务器（Root），而根服务器的下一层由 com、org、net 等通用域和 cn、uk 等国家域组成，它们被称为顶级域(Top-Level)。网上注册的域名基本上都是二级域名，如 csdn.net、microsoft.com 等，它们大多归属于企业或组织，由企业或组织的运维人员管理。二级域名下还可以继续创建三级域名、四级域名等。

1.2.2 资源记录

每条资源记录（Resource Record，RR）记录一种域名信息映射关系。

所有的资源记录都具有相同的顶级字段格式定义，DNS 资源记录如表 1.2 所示。

表 1.2 DNS 资源记录

owner DNS 域名	TTL 生存周期	class 网络/协议类型	type 资源记录类型	rdata 资源记录数据
www.xxx.yyy	60	IN	A	192.168.8.1

当查询域名 http://www.xxx.yyy（仅用于举例）时，返回的资源记录中包含如下数据。

（1）owner，拥有资源记录的 DNS 域名。

（2）TTL（Time To Live），生存周期。递归服务器在缓存中保存该资源记录的时长。TTL 值为零的资源记录不会被缓存。

（3）class，网络/协议类型。IN 即 internet，DNS 主要支持的协议是 IN。

（4）type，资源记录类型。常见的类型有 A（IPv4 主机地址）、AAAA（IPv6 主机地址）、NS（Name Server，域名服务器）等。

（5）rdata，资源记录数据，即域名关联的信息数据，用于描述资源的信息，其内容随 class 和 type 的变化而变化。

资源记录举例如下。

```
blog.csdn.net.    IN A    117.149.203.33
microsoft.com.    IN AAAA 2603:1030:c02:8::14
```

1.2.3 服务器分类

常见的 DNS 服务器分为权威服务器和递归服务器，如图 1.9 所示。递归服务器也被称为本地服务器。

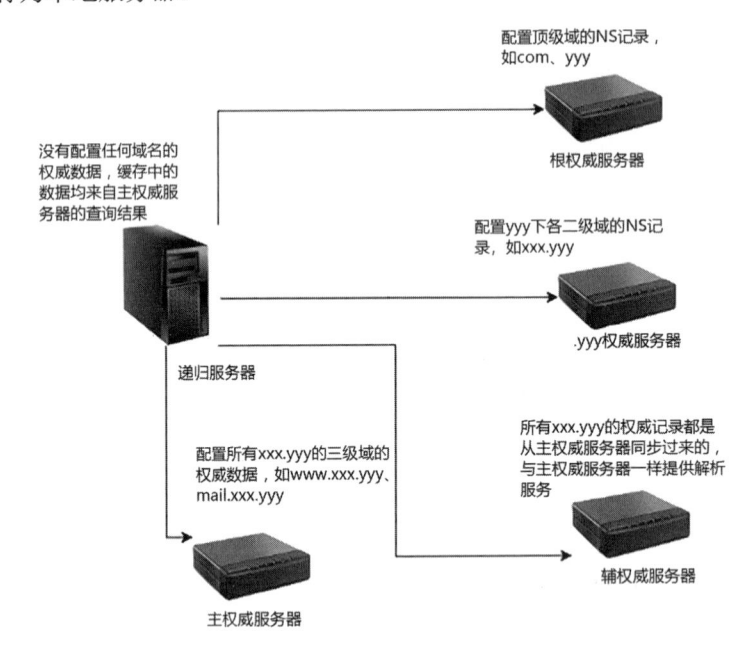

图 1.9　DNS 服务器分类

权威服务器保存域名空间中部分区域的数据，在部署时可以采用主-辅（Master-Slave）模式提升解析可用性。

DNS 在根服务器或二级权威服务器的资源记录中标记区域权威服务器，通过资源记录中列出的资源记录类型，其他服务器就能确认该区域的权威服务器。

递归服务器在初始状态下没有任何域名解析数据，所有的域名解析数据都来自权威服务器的查询结果，当 TTL 值大于 0 时，递归服务器就会在本地缓存中形成一条记录。

递归服务器的核心功能包括缓存和递归查询。递归服务器收到域名查询请求后，首先查询本地缓存中是否有此记录，如果无此缓存记录，则逐级查询根服务器、顶级域、二级域……直到获取结果，然后将其返回给用户。

1.2.4 解析流程

解析动作是由一个应用发起的，最常见的操作是在浏览器地址栏中输入一个域名，如 http://www.xxx.yyy。DNS 解析流程如图 1.10 所示。

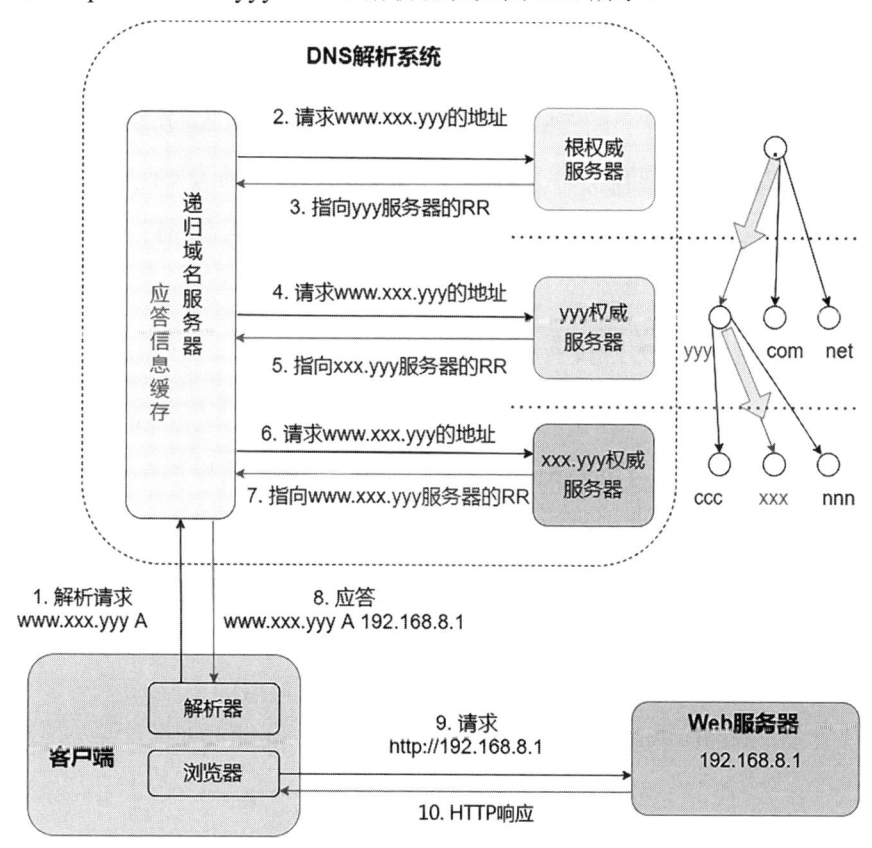

图 1.10 DNS 解析流程

DNS 解析流程介绍如下。

（1）当应用访问 http://www.xxx.yyy 时，会向递归域名服务器发起一个解析请求，如果在递归域名服务器的本地缓存中找不到结果，则需要查询根权威服务器，根权威服务器记录的都是各顶级域所在的服务器的位置，当向根权威服务器请求 www.xxx.yyy 的地址时，根权威服务器就会返回 yyy 服务器的地址。

（2）递归域名服务器在拿到 yyy 服务器的地址后，就会查询 yyy 权威服务器中是否存在 xxx.yyy 的位置，这时 yyy 权威服务器将查找并返回 xxx.yyy 服务器的地址。

（3）继续向 xxx.yyy 权威服务器查询 www.xxx.yyy 的位置，xxx.yyy 权威服务器给出了地址：192.168.8.1。

（4）创建 HTTP 连接，访问 192.168.8.1，返回结果。

DNS 体系作为重要的互联网基础设施，在设计之初如同互联网一样，并未考虑安全、身份等方面的需求，导致其成为各种网络攻击的重要目标，如 DDoS 攻击、缓存污染、DNS 重定向、DNS 欺骗、DNS 劫持（域名劫持）等。

1.3　工业互联网标识解析

工业互联网标识（Industrial Internet Identification）简称工业 ID，它是工业互联网中用于唯一识别和定位物理对象或数字对象及其关联信息的字符串。

工业互联网标识作为机器、产品等物理资源和算法、工艺、标识数据等虚拟资源唯一的"身份证"编码，承载了这些物理资源与虚拟资源编码背后的数据，是工业互联网实现人与人、人与物、人与机器数据互联的重要基因。

工业互联网中的标识符（Identifier）类似于互联网中 IP 地址或网卡的 MAC 地址，是识别和管理物品、信息、设备的关键基础资源。

标识数据（Identifier Data）是生产和供应链中使用或产生的、通过标识解析获得的数据。

标识解析（Identifier Resolution）是将标识符翻译成与其相关联的信息的过程。

工业互联网标识解析体系（Industrial Internet Identifier Resolution System，I^3RS）是工业互联网的神经系统，相当于互联网中的域名系统，是整个工业互联网实现互联互通的关键基础设施。互联网域名系统和工业互联网标识解析体系两者在层级结构与功能定位上有很多相似点，但在对象范围、应用场景等方面存在差异，其结构对比如图 1.11 所示。

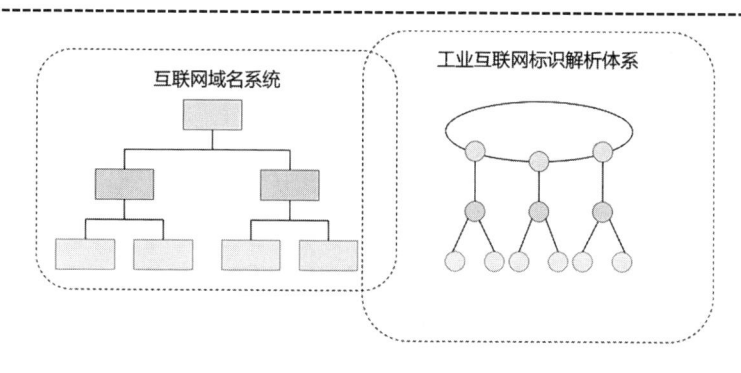

图1.11 互联网域名系统和工业互联网标识解析体系结构对比

工业互联网标识解析体系的关键要素如下。

（1）标识编码，能够唯一识别机器、产品等物理资源和算法、工序、标识数据等虚拟资源的身份号码；

（2）标识载体，能够承载标识编码的标签或存储装置，包括主动标识载体和被动标识载体两类；

（3）标识解析系统，能够根据标识编码查询目标对象的网络位置或相关信息的系统，对机器和产品进行唯一性定位和信息查询；

（4）标识数据服务，能够借助标识编码和标识解析系统实现工业标识数据管理和跨企业、跨行业、跨地区、跨国家的数据共享共用。

简单来说，标识编码解决"身份号码"的问题，标识载体解决"身份证件"的问题，标识解析系统解决"我在哪里"和"我是谁"的问题，标识数据服务解决"我能做什么"的问题。

其中，标识解析系统是实现全球供应链系统和企业生产系统精准对接、产品全生命周期管理和智能化服务的前提与基础。标识解析系统的功能模块如下。

（1）标识数据采集，是指标识数据的采集和处理手段，包含标识读写和数据传输两个功能，负责标识的识读和数据预处理；

（2）标签管理，是指标识载体的形式和标识编码的存储形式，负责完成标识载体数据信息的存储、管理和控制，针对不同行业、企业的需要，提供符合要求的标识编码形式；

（3）标识注册，是指在信息系统中创建对象的标识数据，包括标识责任主体信息、解析服务寻址信息、对象应用数据信息等，并存储、管理、维护该标识数据；

（4）标识解析，是指根据标识编码查询其对应对象的网络位置或相关信息的过程；

（5）标识数据处理，包括对采集后的数据进行清洗、存储、检索、加工、变换和传输等处理过程，根据不同的业务场景，依托数据模型实现不同的标识数据处理过程；

（6）标识数据建模，是指构建特定领域应用的标识数据服务模型，用于建立标识应用数据字典、知识图谱等，基于统一标识建立对象在不同信息系统之间的关联关系，提供对象信息服务。

随着工业互联网的发展，标识对象已经从以往的网络域名，延伸到产品、零部件、交易、服务等更为广义和更小颗粒度的物理对象与数字对象。

以上先从互联网到工业互联网，再聚焦到工业互联网标识解析体系。在具体建设过程中，应积极引入人工智能、区块链等技术，融合工业软件，通过加强新行业、新技术、新产品的融入，补足关键领域的标准化空白，推动科技创新的成果转化，拓展应用场景，打造新价值链，从而助力企业获得更大的竞争优势。

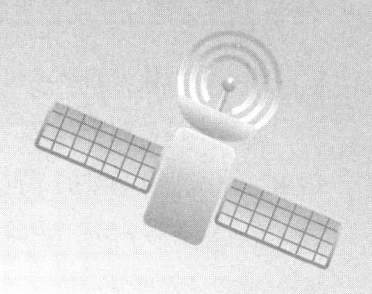

第二章 标识的基础知识

标识解析体系的基本概念包括编码（基础）、标识（载体）、解析（共享）。

简单来说，业务对象的编码即标识符。对业务对象进行编码是一个系统级的需求，根据业务场景的不同和业务对象的特点，在系统中可以创建不同的编码方式。在工业互联网中，业务对象编码的基本要求是全球唯一的，这与互联网 IP 地址全球唯一的要求一致。过去已经有大量的、成熟的编码体系应用于现实世界，标识解析体系需要选择能够满足工业互联网业务对象编码要求的编码体系，企业在对业务对象编码时必须遵守选定的编码规范。同时，标识需要一个承载物，这个承载物或者是数字世界的某个存储地址，或者是某个物理载体。当标识解析体系建立后，编码所对应的业务对象实体才是企业和系统协同的核心数据，业务对象实体必须自带语义，或者说自带数据解释，这样能够更容易实现即时数据共享和高效业务协同。

2.1 标识编码体系

工业互联网标识编码体系包括 GS1（Globe Standard 1，全球统一标识）、Handle、OID（Object Identifier，对象标识符）、Ecode（Entity Code，实体标识）、VAA（国际自动识别与移动技术协会授权发码机构代码，即中国信息通信研究院）、DID（Decentralized Identifier，去中心化标识符）、MA（国际标准 ISO/IEC 15459 注册管理机构授权发码机构代码，即中关村工信二维码技术研究院）等。其中，GS1 主要用于产品与服务的贸易流通；Handle 主要用于数字资产管理；OID 主要用于网络资源管理；Ecode 主要用于标识物联网单个物品；VAA 是通用标识，支持全球唯一的定位、信息查询、可解析；DID 更适合可验证的数字身份；MA 是中国首个具有全球顶级节点管理权和代码资源分配权的国际标准对象标识体系。行业或企业可根据应用需求选择遵循其中一种类型的编码规则，制定本行业或企业的对象编码。

GS1、Handle、OID、Ecode、VAA、DID、MA 等工业互联网标识解析体系支持的标识编码体系合称工业互联网标识编码体系集合。

2.1.1 GS1

国际物品编码组织是一个中立的非营利性国际组织,制定、管理和维护应用最为广泛的全球统一标识系统。GS1 系统为在供应链上进行交换的物理实体、参与方和服务关系提供了全球唯一且准确的标识系统。

GS1 系统由编码体系、数据载体体系、数据交换体系三部分组成,用于电子数据交换(EDI)、XML 电子报文、全球数据同步(GDSN)和 GS1 网络系统。《GS1 通用规范》提供了 GS1 标识代码的语法、分配和自动数据采集(ADC)标准。在提供全球唯一的标识代码的同时,GS1 系统也通过应用标识符(AI)提供附加信息,如保质期、系列号和批号,这些都可以使用一维条码、二维码、RFID 等形式来表示。

编码体系是整个 GS1 系统的核心,包括流通领域中所有产品与服务(包括贸易项目、物流单元、位置、资产和服务关系等)的标识代码及附加属性代码,附加属性代码不能脱离标识代码独立存在。GS1 系统编码体系如图 2.1 所示。

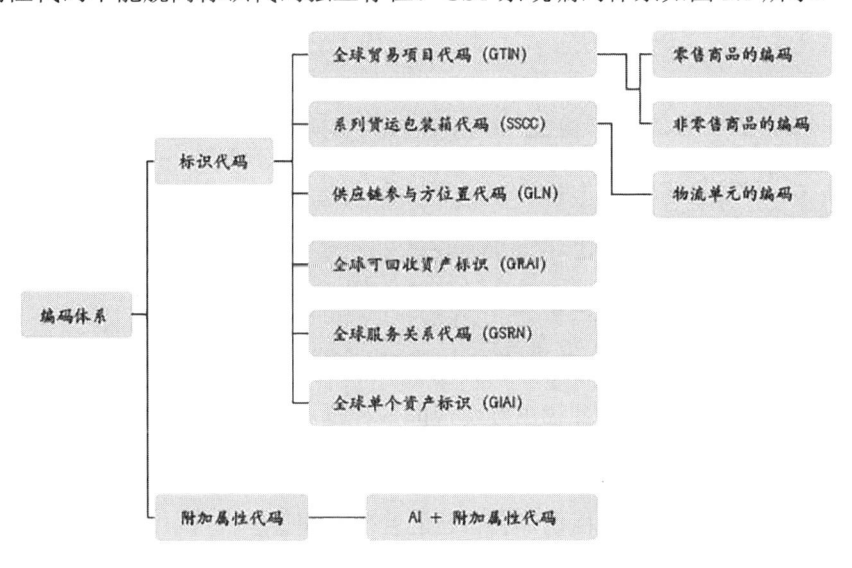

图 2.1 GS1 系统编码体系

来源:GS1 China 官网,技术与标准/技术知识/编码体系。

全球贸易项目代码(Global Trade Item Number,GTIN)是 GS1 系统中应用十

分广泛的标识代码。贸易项目是指一项产品或服务，GTIN 是指为全球贸易项目提供唯一标识的一种代码（也被称为代码结构）。对贸易项目进行编码和符号表示能够实现商品零售（POS）、进货、存货、补货、销售分析及其他业务运作的自动化。GTIN 的 4 种代码结构如图 2.2 所示。

GTIN-14 代码结构	包装指示符	包装内含项目的GTIN（不含校验码）	校验码
	N_1	$N_2\ N_3\ N_4\ N_5\ N_6\ N_7\ N_8\ N_9\ N_{10}\ N_{11}\ N_{12}\ N_{13}$	N_{14}

GTIN-13 代码结构	厂商识别代码	商品项目代码	校验码
	$N_1\ N_2\ N_3\ N_4\ N_5\ N_6\ N_7\ N_8\ N_9\ N_{10}\ N_{11}\ N_{12}$		N_{13}

GTIN-12 代码结构	厂商识别代码	商品项目代码	校验码
	$N_1\ N_2\ N_3\ N_4\ N_5\ N_6\ N_7\ N_8\ N_9\ N_{10}\ N_{11}$		N_{12}

GTIN-8 代码结构	商品项目识别代码	校验码
	$N_1\ N_2\ N_3\ N_4\ N_5\ N_6\ N_7$	N_8

图 2.2　GTIN 的 4 种代码结构

来源：GS1 China 官网，技术与标准/技术知识/编码体系。

2.1.2　Handle

Handle 系统最初是由美国国家创新研究所（The Corporation for National Research Initiatives，CNRI）提出并实现的一种建立在 Internet 架构之上的通用分布式信息系统，用于提供有效的、可扩展的、可靠的全球名字服务。在这个分布式的环境中，每个 Handle 标识都有自己的管理者和管理机构。

Handle 系统定义了一套兼容的编码规则，拥有后台解析系统和一个自主可控的全球分布式管理架构。Handle 系统在全球设立若干根节点，根节点之间平等互通。Handle 系统支持可靠的标识解析，为客户端的请求提供了安全服务，如数据保密性、服务完整性和不可抵赖性等。

Handle 标识基本结构如表 2.1 所示，Handle 编码规则采用层次化标识设计，每个 Handle 标识编码都是长度不定的字符串，其形式为"前缀/后缀"，前缀表示命名机构，后缀表示本地名称。此外，用户拥有部分编码权限，可以自主定义某些字段中的编码规则，从而实现自身所需要的功能和要求。

表 2.1　Handle 标识基本结构

Handle 前缀	Handle 后缀
XX.XXX.XXXXX/	$X_1X_2 \cdots X_n$

Handle 解析采用分级解析机制，其解析架构由 Handle 客户端、全球 Handle 注册机构（Global Handle Registry，GHR）和本地 Handle 服务（Local Handle Service，LHS）组成。首先，Handle 客户端通过向 GHR 发送前缀编码，查询本地命名机构所属 LHS 的位置信息；然后，向 LHS 发送完整的标识编码来查询解析结果。GHR 通过接收 Handle 客户端发送的前缀编码，在查询本地命名机构的注册信息后解析前缀编码得到 LHS 的位置信息，并将其反馈给 Handle 客户端。LHS 通过接收 Handle 客户端发送的标识编码，在查询本地数据后解析标识编码得到对应的详细信息，并将解析结果反馈给 Handle 客户端。

Handle 标识解析技术提供了一套完整的安全机制，通过用户身份验证、管理鉴权等方式，有效地保证了数字对象及其服务的完整性，同时能有效地防止通过伪造用户要求或篡改服务器响应而产生的不安全行为。尽管如此，Handle 系统在隐私保护、缓存和代理服务器、镜像、DDoS 攻击等方面仍存在安全风险。

2.1.3　OID

OID 是由 ISO/IEC、ITU-T 共同提出的对象标识机制，使用分层的树状结构对任何类型的对象进行全球无歧义的唯一标识，几十年来在网络通信、安全、卫生、气象等领域得到了广泛的应用。从地区来看，OID 已经在全球 200 多个国家中得到应用，并由各个国家自主管理各自的国家标识分支。

OID 体系可以对任何范围、种类的对象进行唯一标识命名。对象一旦被赋予标识名称，则该标识名称一直有效。OID 体系的编码规则采用树状分层方法，层数支持无限制地扩展，使用"."分隔各层次。OID 标识编码也是长度不定的字符串，分为纯数字和字母、数字结合两种形式。其中，纯数字的编码形式为 0~16 000 000 范围内的整数取值，该编码形式与机器编码形式相似，检索速度快但不方便人工介入。字母、数字结合的编码形式为包含 1~100 个字符的字符串，该编码形式可进行人工解读，但存在信息过量问题，会导致占用更多的数据存储空间。

OID 标识编码详细规则数据格式参见 GB/T 17969.1—2015，工业互联网领域的标识注册机构节点值为 1.2.156.3001，下一级节点编码由所属企业指定，具体编码由应用企业制定，且由长度不定的字符串组成。

OID 体系的解析过程为分步解析，解析架构包括 OID 客户端、国家 OID 注册解析系统和底层解析服务器。首先，OID 客户端把标识编码上传到国家 OID 注册解析系统中，国家 OID 注册解析系统根据标识编码注册信息找到其相应的底层解析服务器，并把标识编码传递给底层解析服务器；然后，由底层解析服务器解析标识编码，查询物体对象的详细信息；最后，把解析结果经国家 OID 注册解析系统传回 OID 客户端。OID 体系的分步解析机制比其他体系的更加灵活，可以直接利用已有的网络基础进行部署，既高效、快捷，又节省成本。

OID 管理与应用体系存在固有的安全问题，OID 体系采用了 DNS 技术，相应地，DNS 体系具有的缺陷都会在 OID 体系之中存在。除此之外，OID 体系本身在运营与管理过程中，也会存在各种技术性或非技术性的风险，如标识缺乏认证能力、解析系统缺乏解析权限控制能力、标识对应身份缺乏可信背书、OID 国际顶级解析节点对接风险、太长的授权链条容易导致信用淡化与监管弱化、标识授权用户缺乏运营标识管理系统等基础设施的技术能力与经验等。

2.1.4　Ecode

Ecode 体系由 Ecode 编码、数据标识、中间件、解析系统和安全机制等部分组成，既能对物联网环境下的物体进行唯一的编码标识，又能兼容其他标识体系，如 Handle、OID 等。

Ecode 体系的标识编码采用三段式结构，由版本（Version，V）、编码体系标识（Numbering System Identifier，NSI）和主码（Master Data code，MD，某一行业或应用系统中主数据的代码）三段码构成，其形式为"V 码+NSI 码+MD 码"。其中，V 码表示标识编码的数据结构类型，NSI 码表示标识编码的注册情况，MD 码表示行业或应用场景中具体的对象。Ecode 标识编码结构如表 2.2 所示。

Ecode 标头（Ecode Header）由版本 V 与编码体系标识 NSI 共同组成，定义了 Ecode 编码长度字符类型和编码结构。

表 2.2 Ecode 标识编码结构

版本 V	编码体系标识 NSI	主码 MD
1～4	4～5 位数字	不定长数字、字母组合

Ecode 标识编码由版本决定编码体系标识和主码的数据结构，详细规则和数据格式参见 GB/T 31866—2023《物联网标识体系 物品编码 Ecode》，Ecode 各版本的编码结构如表 2.3 所示。

表 2.3 Ecode 各版本的编码结构

Ecode			说明	
V	NSI	MD	最大总长度	代码字符类型
0	4 位	不定长	不定长	全球统一标识系统（GSI 系统）编码字符
1	4 位	≤20 位	25 位	数字 0～9
2	4 位	≤28 位	33 位	数字 0～9
3	5 位	≤39 位	45 位	字母数字字符
4	5 位	不定长	不定长	Unicode 字符
5～9			预留	
注 1：V 和 NSI 定义了 MD 的结构和长度。				
注 2：最大总长度为 V、NSI 和 MD 的长度之和。				

来源：GB/T 31866—2023《物联网标识体系 物品编码 Ecode》。

Ecode 编码解析体系架构如图 2.3 所示，Ecode 体系的解析过程为迭代解析，解析架构由应用客户端、中间件、编码体系解析服务器、编码数据结构解析服务器和物品编码解析服务器组成，解析分为编码体系解析、编码数据结构解析和物品编码解析三步。

首先，进行编码体系解析，应用客户端通过中间件向编码体系解析服务器发送标识编码，后者将其解析得到标识识别域名并将解析结果传回中间件。

其次，进行编码数据结构解析，中间件将标识识别域名和主码发送给编码数据结构解析服务器，后者将其解析得到主码域名并将解析结果传回中间件。

最后，进行物品编码解析，中间件将主码域名发送给物品编码解析服务器，后者将其解析得到物品信息并将解析结果经中间件传回应用客户端。

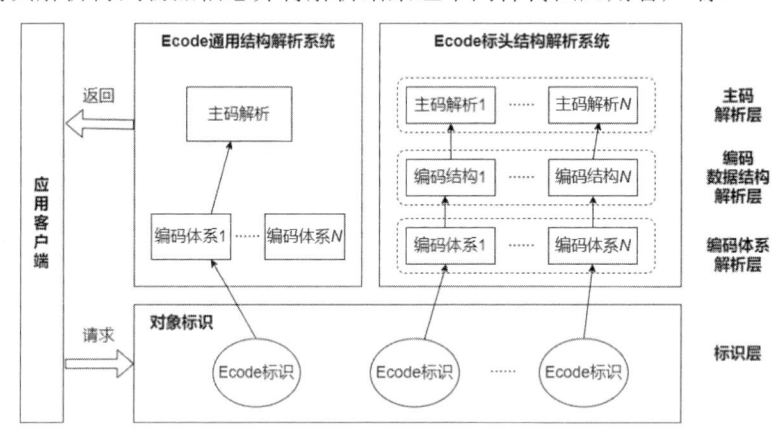

图 2.3　Ecode 编码解析体系架构

来源：GB/T 36605—2018《物联网标识体系 Ecode 解析规范》。

1）编码体系解析服务

编码体系解析服务通过编码体系解析服务器处理来自应用客户端的 Ecode 编码的解析请求，完成 V 和 NSI 与编码体系的对应。对于 Ecode 通用编码，需要提取 V 和 NSI 并返回应用客户端。转换规则为 NSI.V.iotroot.com。

示例如下。

```
Ecode 编码：20128688816511153090124214301 2588
分离后的结果：V=2，NSI=0128，MD=68881651115309012421 43012588
V 和 NSI 转换为标识识别域名：0128.2.iotroot.com
```

根据 GB/T 31866—2023《物联网标识体系 物品编码 Ecode》第 5.3 节规定，Ecode 通过编码的 MD 由分区码（Domain Code，DC）、应用码（Application Code，

AC）和标识码（Identification Code，IC）组成。其中，DC=6，AC=888165，IC=111530901242143012588

完整的标识识别域名：111530901242143012588.888165.6.0128.2.iotroot.com。

2）主码解析服务

主码解析服务根据来自应用客户端的 V、NSI 和 MD 在 Ecode 平台主码解析服务器中查询编码对应的信息地址，并返回应用客户端。

3）主码解析服务的查询响应步骤

步骤 1：应用客户端将分离出的 V、NSI 和 MD 发送给 Ecode 平台主码解析服务器；

步骤 2：Ecode 平台主码解析服务器根据 V 定位版本查询服务器地址；

步骤 3：Ecode 平台主码解析服务器根据 NSI 定位标识体系服务器地址；

步骤 4：Ecode 平台主码解析服务器根据 MD 查询信息地址；

步骤 5：应用客户端获取 Ecode 平台主码解析服务器返回的信息地址。

示例如下。

```
Ecode 编码：201286888165111530901242143012588
查询结果：https://www.iotro**.com/E=201286888165111530901242143012588
```

访问 https://www.iotro**.com/E=201286888165111530901242143012588 可以得到如下结构的响应。

```
{
    "type": "shumatong",
    "url": null,
    "data": {
        "template": {
            "datas": [
                {
                    "value": "3级别",
                    "key": "产品名称"
                },
                {
                    "value": "123",
```

```
                "key": "型号名称"
            }
        ],
        "imageUUID": "2cd95bf15eed11e88488c4346bacb248.jpg"
    },
    "clickCount": 213,
    "companyName": "XX机械制造公司",
    "ecodeReturn": {
        "id": "49195d89a04b44e08f2f1024157a4f31",
        "type": "1",
        "filename": "2cd9f8325eed11e88488c4346bacb248.txt",
        "status": "2",
        "errorInfo": null,
        "number": "1",
        "template":        "{\"datas\":[{\"value\":\"3  级  别
\",\"key\":\"产品名称\"},{\"value\":\"123\",\"key\":\"型号名称
\"}],\"imageUUID\":\"2cd95bf15eed11e88488c4346bacb248.jpg\"}",
        "userId": "35e09d3e65c444b2a9b172fe3cba165f",
        "name": "XX机械制造公司",
        "time": "2018-05-24 08:55:38",
        "isModel": "0",
        "productName": null,
        "productTypeCode": null,
        "productTypeName": null,
        "templateInfoId": null,
        "ecodeType": null,
        "code": null,
        "isCount": null,
        "returnName": null
    },
    "Ecode": "20128688816511153090124214301258B",
    "queryRecords": {
        "id": "2a18edd1c3fe40ec91d85ebd50b94ea9",
        "ecode": "20128688816511153090124214301258B",
        "ecodeType": "1",
        "ecodeQueryIp": "xxx.xxx.xx.xxxx",
        "ecodeQueryLocation": "XXX-XXX",
        "ecodeQueryTime": "2023-11-29 18:07:22",
        "ecodeQueryCount": null,
```

```
            "ecodeQueryClientId": null,
            "ecodeQuerySource": "平台",
            "ecodeQueryServerIp": "192.168.20.65",
            "ecodeQueryoPrtalType": "0",
            "startTime": null,
            "endTime": null,
            "companyId": null,
            "platformId": null
        }
    }
}
```

2.1.5 VAA

中国信息通信研究院（China Academy of Information and Communications Technology，CAICT）于 2020 年获得国际自动识别与移动技术协会（Association for Automatic Identification and Mobility，AIM Global）授权，成为国际发码机构，代码为"VAA"。CAICT 参照 ISO/IEC 15459 相关标准，设计了 VAA 编码规则，并正式向全球分配标识编码，同时履行标识管理义务。VAA 二级节点运营机构应向 CAICT 注册申请 VAA 标识前缀。

VAA 标识兼容多种标识载体，包括一维条码、二维码、RFID、NFC 等被动标识载体，以及通用集成电路卡（UICC）、安全芯片、模组等主动标识载体，具备二进制、URI 等展现形式，可全面支持供应链管理、产品溯源等工业互联网标识的主要应用场景，为人、机、物等多类对象提供全球唯一标识。

VAA 编码应尽量遵从国际标准 ISO/IEC 15459、ISO/IEC 15418 等的相关要求，在用于工业互联网领域时，还需要满足《工业互联网标识解析 标识编码规范》等的相关要求。

VAA 的基本编码结构如图 2.4 所示。

VAA	08810012345678	/	abc123
发码机构代码	服务机构代码	分隔符	企业内部编码

图 2.4 VAA 的基本编码结构

基于 VAA 基本编码结构的编码示例如下。

```
VAA08810012345678/abc123
```

其中，"VAA"为发码机构代码，"088"为国家代码，"100"为行业代码，"12345678"为企业代码，"abc123"为企业内部编码。服务机构代码和企业内部编码之间由分隔符"/"隔开。行业可以根据实际需要设计企业代码长度，总体编码长度越短越好。

目前 VAA 编码有 5 种格式，如表 2.4 所示。

表 2.4　VAA 编码的 5 种格式

编号	格式	应用场景
1	VAA08810012345678/abc123	相对较严格，遵从 ISO/IEC 15459 标准编码格式要求
2	(DI)VAA08810012345678/abc123	遵从 ISO/IEC 15418 标准编码格式要求
3	二进制格式	VAA 编码的二进制格式，适宜存储在 RFID 等载体中，VAA 基本编码格式与二进制格式之间的转换需要遵从相应载体的要求
4	URP://88.100.12345678/abc123	URI 格式，采用 VAA 的 URP 解析机制，可直接存储在二维码中，当以条码和 RFID 等作为载体时，可能需要进行变换
5	http://公司网址/88.100.12345678/abc123	URI 格式，采用 DNS 解析机制，可直接存储在二维码中，当以条码和 RFID 等作为载体时，可能需要进行变换

VAA 编码格式说明如下。

（1）格式 1 为基本编码格式。

（2）格式 2 中的 DI 指数据标识符（Data Identifier），在国际上由数据标识符管理委员会（Data Identifier Maintenance Committee，DIMC）维护，主要用于表示标识编码的应用场景。例如，"9N"表示欧洲药品编码，"25S"表示追溯领域的单品标识，"15N"表示工业互联网标识专属数据标识符。建议企业使用"15N"作为 VAA 数据标识符，如需要使用其他数据标识符，则请参考 ANS MH10.8.2—2016。

（3）格式 3 是 VAA 编码的二进制格式，适宜存储在 RFID 等载体中。

（4）格式 4 和格式 5 为 URI 格式。建议优先选择格式 4。

VAA 各种编码格式之间可相互映射转换，企业应根据自身需要选择适用的格式。

2.1.6　DID

DID 是由 3 个字符串组成的 URI，包括固定标识符 did、DID 方法（Method）、DID 特定标识符。

DID 示例如下。

```
did:example:123456abcdef
```

其中，did 是固定标识符，表示编码解析模式（Scheme）；example 是 DID 方法，支持多个服务实体提供 did 编码及解析方案，如 sov、indy、ion 等；123456abcdef 是 DID 特定标识符，即由 DID 方法定义并解析的编码字符串。

DID 的主要特点是基于区块链技术，可以不需要依赖身份提供者、证书颁发机构或其他第三方，在线即可实现验证。去中心化特性意味着 DID 拥有者的身份数据掌握在自己手中，并对 DID 具有完全控制权。

W3C 推动的分布式标识符和可验证凭证规范分别定义了代表实体的身份标识符及与之关联的属性声明，表达了一个抽象的字符串和具体业务内容的绑定模式，它们共同支撑了分布式数字身份基础模型和可验证凭证流转模型的有效运转。

W3C DID 规范包括对 DID URL 方案标识符、数据模型、DID 文件语法等内容的标准化。W3C DID 标准的结构如图 2.5 所示。DID 标识符是用于可验证的身份标识符。

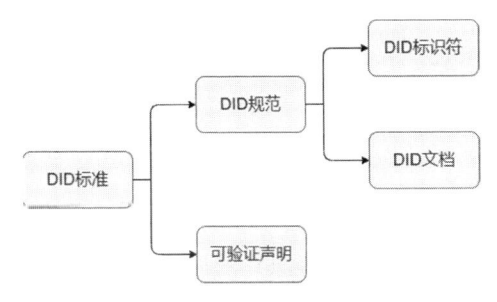

图 2.5　W3C DID 标准的结构

2.1.7 MA

2018年8月,中关村工信二维码技术研究院获得国际标准 ISO/IEC 15459《信息技术 自动识别与数据采集技术 唯一标识》注册管理机构授权,成为中国首家全球编码发行机构,发行机构代码为"MA"。因为此编码发行机构发行的编码将"MA"作为根节点标识符,所以被称为 MA 标识体系。

MA 编码结构是分层编码结构,分为用户标识、对象类目、自定义对象个体编码 3 部分。其中,用户标识由标识前缀"MA"、国家地区或领域代码、地域或行业代码、用户代码 4 部分组成;对象类目分为通用编码结构和自有编码结构两种情形,通用编码结构由 3 个节点组成,自有编码结构的层次数量由用户定义;对于自定义对象个体编码,用户根据应用的需求自定义节点数量和每个节点的位数。每两部分之间以"."或"/"符号隔开,每部分内部以"."符号隔开。MA 编码结构示例如下。

```
MA.156.110101.8/20.36550104.01/20170630.0010
```

其中,MA.156.110101.8 是用户标识,20.36550104.01 是对象类目,20170630.0010 是自定义对象个体编码。

MA 具有三大核心价值特点[8]。

1) 全球唯一身份标识

为每个对象分配一个全球唯一的 MA 码,该码是对象的全球数字身份证。

2) 编码合理

MA 码采用分层编码结构,具有编码灵活、可扩展性强等特点。MA 码具有国际通用性,并与应用系统、载体相分离,能够实现跨地域、跨平台、跨系统、跨载体之间的互联互通。

3) 兼容性强

MA 码能够兼容全球主要码制和编码体系。用户可以直接采用其他编码体系,在编码方面只进行微小改动即可兼容原有的编码方式,有效解决标识应用孤岛和系统继承性开发问题,更有利于实现功能无缝衔接。

2.2 标识编码关键要素

根据《工业互联网标识解析 标识编码规范》《工业互联网标识解析 VAA 编码导则》，工业互联网标识需要具备一致的编码原则、已有优先、表现多样等关键要素。

2.2.1 编码原则

标识编码应符合唯一性、兼容性、实用性、可扩展性、科学性、稳定性和无含义性等原则。

1）唯一性

唯一性是指在工业互联网领域内，标识编码应保证不重复，每个标识编码仅对应一个对象。

2）兼容性

兼容性是指标识编码与国内已有的本行业相关编码标准应协调一致，保持继承性和实际使用的延续性，满足在相关信息系统之间进行数据交换的要求。

3）实用性

实用性是指以满足本行业资源管理和信息交换为目标，编码规则应符合该行业的普遍认识，考虑企业信息化系统建设和标识实际应用现状，设计相对全面、合理、有用的编码结构。

4）可扩展性

可扩展性是指应根据本行业工业互联网应用需求，规划合理的编码容量并预留适当空间，以保证可在本编码体系下进行扩展、细化。

5）科学性

科学性是指编码结构应简洁明确，在必要时应设置校验码位、安全码，以保证编码的正确性和安全性。编码结构一旦确定，则应保持相对稳定。

6）稳定性

稳定性是指商品代码一旦分配，只要商品的基本特征没有发生变化，就应保持不变。同一商品无论是长期连续生产，还是间断式生产，都必须采用相同的商品代码。即使该商品停止生产，其代码也应至少在 4 年之内不能用于其他商品。

7）无含义性

无含义性是指商品代码中的每位数字都不表示任何与商品有关的特定信息。有含义的代码通常会导致编码容量的损失。厂商在编制商品代码时，最好使用无含义的流水号。

2.2.2 已有优先

标识编码的设计应尽量遵从既有的国际、国家、行业标识编码相关标准规范，以保证前向兼容，简化系统升级改造需求。例如，VAA 编码应尽量遵从 ISO/IEC 15459 标准等。

2.2.3 表现多样

一个标识编码可具有不同的表现形式，以适应不同的标识载体、网络传输和应用需求。例如，广泛应用的 GS1 标识编码就存在二进制格式、URI 格式、字符串格式、ONS（Object Name Service，对象名解析服务）域名格式等，以应用于不同的系统和场景，如应用字符串格式"(01)6954606200019"和 URI 格式"urn:epc:id:sgtin:69546062.00019"等。

2.3 标识载体

标识载体（Identifier Carrier）是指承载标识编码及其相关信息的物理实体，如

第二章 标识的基础知识

标签、设备或设施等。标识载体有一维条码、二维码、RFID等被动载体和芯片、模组、终端等主动标识载体。标识载体支持对标识编码及其相关信息进行操作（如读、写等操作）。

2.3.1 一维条码

一维条码（Linear Bar Code）是一种使用条和空的规则排列来表达编码的方法，如图2.6所示。

图2.6 一维条码

当标识将一维条码作为存储载体时，需要与相关制式适配。

常用的一维条码的码制包括EAN（European Article Number）码、39码、交叉25（Interleaved Two of Five）码、UPC（Universal Product Code，通用商品代码）码、128码、ISBN（International Standard Book Number，国际标准书号）码、Codabar码等。

一维条码的主要优点如下。

（1）输入速度快，能实现"即时数据输入"；

（2）可靠性高，条码技术误码率低于百万分之一；

（3）支持人工读取，条码底部通常会有可读字符，如果一维条码图案损坏或丢失，则操作人员可使用键盘输入数据。

一维条码是迄今为止非常经济、实用的标识载体。

2.3.2 二维码

二维码（2-Dimensional Bar Code）是一种使用特定几何图形，按一定规律在平面（二维方向）分布的图形上记录数据符号信息的技术，其本质上是一个密码算法。二维码符号字符排列如图 2.7 所示。

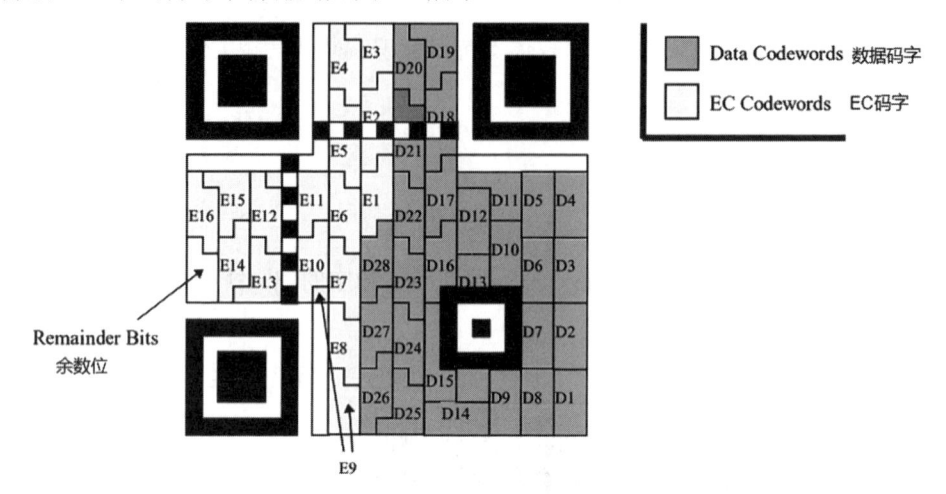

图 2.7　二维码符号字符排列

来源：INTERNATIONAL ISO/IEC STANDARD 18004。

二维码的大小是包含相同数据量的典型一维条码的 1/30，因此二维码可印刷在空间有限的电子产品和其他小零件上。

二维码可包含的数据量非常庞大，甚至可达几千个字符，因此标签上一般不会添加可读字符。同时，带来的问题是当二维码图案受损太过严重而无法读取时，由于没有像一维条码那样的人工读取方式，因此需要一个备选信息系统以在二维码图案受损时提供备选解决方案。不仅是二维码，其他未直观显示可读标识信息的载体，如主动标识载体，都需要备选信息系统。

二维码的编码越短，二维码越容易被识别。相对一维条码来说，二维码可以承载更多信息。

在二维码中，常用的码制有 Data Matrix 码、QR（Quick Response）码、Maxi Code、Aztec、Vericode、PDF417、Ultracode、Code 49、Code 16K 等。

QR 码是一种被广泛使用的二维码，解码速度快。

Data Matrix 码的数据区域四周为 L 形框（被称为对准图案）和点线（被称为时钟图案），如图 2.8 所示。读取器将捕获这些图案，通过图像处理技术确定代码的位置。因此，可以从各方向上读取 Data Matrix 码。

图 2.8 对准图案和时钟图案

二维码的主要优点如下。

（1）存储的数据量更大；

（2）可以包含数字、字符及各类文本等混合内容；

（3）有一定的容错性，在部分图案受损后可以正常读取；

（4）空间利用率高。

由于二维码本身存在防伪性能差、易受损等缺点，因此二维码大多见于低端应用场景。

2.3.3 射频识别码（RFID）

射频识别码（Radio Frequency Identification，RFID）是一种无接触自动识别技术，利用射频信号及其空间耦合传输特性，实现对静止或移动中的待识别物品的自动识别。

RFID 直接继承了雷达的概念，并由此发展出一种自动识别与数据采集（Automatic Identification and Data Capture，AIDC）技术。

RFID 系统由两部分组成，即存储端和读写端，其中，存储端主要为电子标签，读写端主要分为主机、阅读器，如图 2.9 所示。

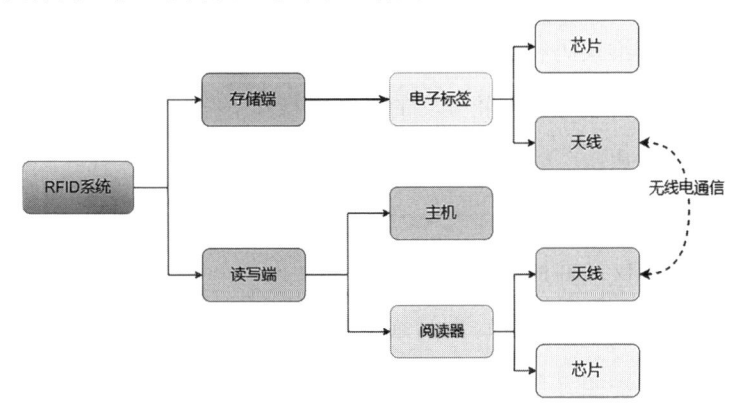

图 2.9 RFID 系统

电子标签又被称为射频标签、应答器、数据载体，由芯片和天线构成，分为有源（Active）和无源（Passive）两种类型。

阅读器也可被称为读出装置、扫描器、通信器、读写器，这取决于电子标签是否可以采用无线方式改写数据。

电子标签与阅读器之间通过耦合元件（天线）实现射频信号的空间耦合（无接触、无线），在耦合通道内，根据时序关系实现能量的传递、数据的交换，即信息传递。

RFID 的主要优点如下。

（1）抗干扰性超强。非接触式识别穿透力强，不依赖可见光，能在某些恶劣环境下工作，如高粉尘污染、野外等；

（2）数据容量大。可以扩充到数 KB，远大于一维条码和二维码的容量；

（3）灵活性高。标签数据可以进行动态修改，从而支持循环重复使用，并可以实现动态追踪和监控，而一维条码和二维码是只读标签；

（4）支持并发。在阅读器的有效识别范围内，可以同时读取多个标签；

（5）识别速度快。在有效识别范围内，读取时间不超过 100 毫秒，更加适合与各种自动化的处理设备配合使用，可以有效降低因人工干预数据采集而带来的人力、效率和纠错的成本。

RFID 的主要缺点如下。

（1）相对于一维条码和二维码，电子标签成本较高；

（2）标签不加区别地回应阅读器的指令并将其所存储的信息传输给阅读器，可能会带来安全隐患；

（3）含有金属和水分的物体或环境会对标签使用产生干扰；

（4）世界各地区的开放频段不一致。

由于 RFID 技术具有快速读取与难伪造的特点，因此被广泛应用于个人的身份识别证件中，如护照、身份证、工作证等。

2.3.4 近场通信标识（NFC）

近场通信标识（Near Field Communication，NFC）是与 RFID 密切相关的载体技术。NFC 技术也是一种非接触式识别和互联技术，可以在移动设备、消费类电子设备、PC 和智能控件工具间进行近距离无线通信，以及简单直观的信息交换、内容访问与服务。

相对 RFID 来说，NFC 主要具有以下特点。

（1）技术方向不同。NFC 将非接触式读卡器、非接触式卡和点对点功能整合到单个芯片中，更强调信息交互；

（2）传输距离不同。由于 NFC 采用了独特的信号衰减技术，因此相对 RFID 来说，NFC 传输距离短、带宽高、能耗低；

（3）应用方向不同。NFC 更多地针对消费类电子设备的相互通信，并在门禁、公交、手机支付等领域中使用。

2.3.5 主动标识载体

主动标识载体（Active Identifier Carrier）是指承载标识编码，具备联网通信能力，能够主动与标识解析服务节点或标识数据应用平台建立连接，并承载必要的证书、算法或密钥的载体。

主动标识载体包括通用集成电路卡（UICC）、安全芯片、通信模组和终端等。相对于其他标识载体，主动标识载体提供了更复杂的功能。当标识存储在主动标识载体中时，要与载体的存储能力和支持的存储方式进行适配。主动标识载体总体技术架构和接口如图 2.10 所示。

主动标识载体的主要功能如下[9]。

（1）支持信息预置（Chip Information Initialization），是指主动标识载体在出厂阶段完成其芯片唯一编码、初始密钥等信息的预置；

（2）支持承载标识编码及其必要的身份凭证和安全算法；

（3）主动标识载体安全认证服务平台（Security Certification Service of Active

Identifier Carrier）是对主动标识载体中的标识进行写入、读取、修改、删除等管理操作的平台。主动标识载体支持根据主动标识载体安全认证服务平台的请求，写入、删除、修改、查询、存储工业互联网标识；

（4）支持主动标识载体安全认证服务平台的身份验证流程；

（5）支持载体本地安全存储；

（6）提供主动标识载体 SDK（Software Development Kit，软件开发工具包），支持工业互联网标识的写入、删除、修改等指令。

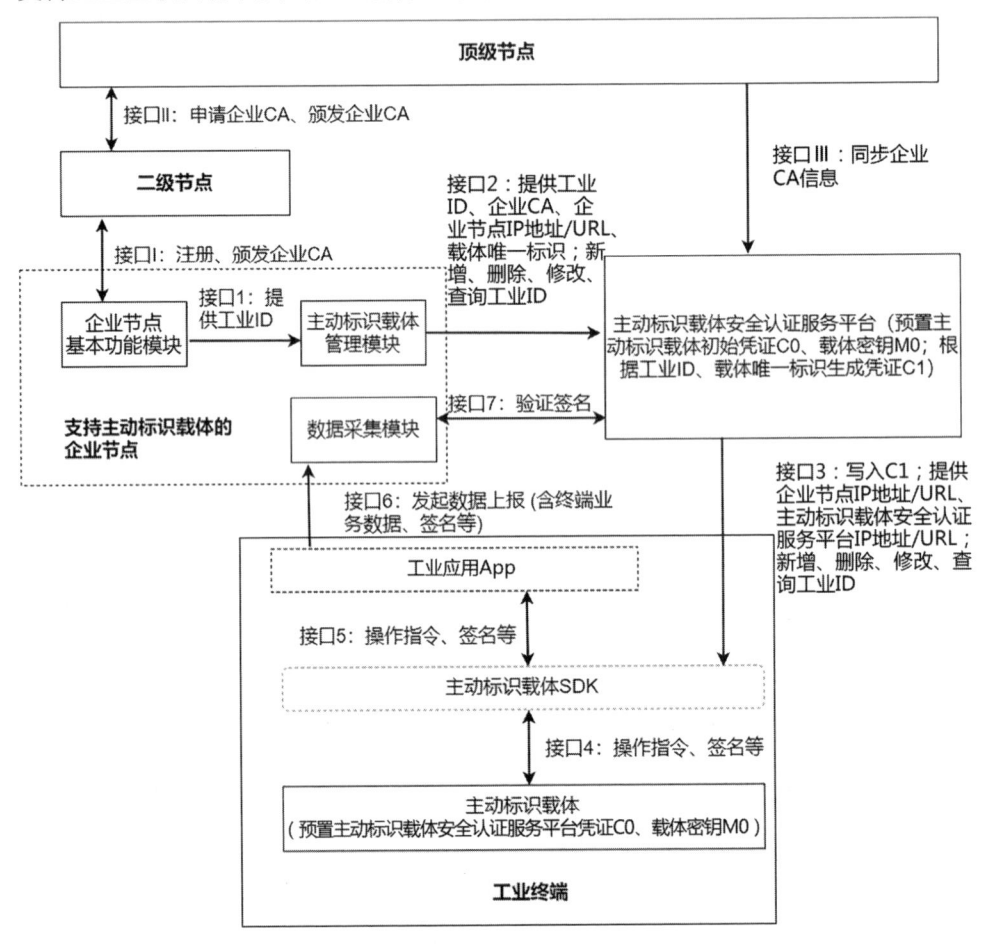

图 2.10　主动标识载体总体技术架构和接口

来源：工业互联网产业联盟，《工业互联网标识解析 主动标识载体 总体技术框架》。

主动标识载体主要包括通用集成电路卡、安全芯片、通信模组 3 种类型，如图 2.11 所示。

图 2.11　主动标识载体主要类型

2.3.5.1　通用集成电路卡

通用集成电路卡（Universal Integrated Circuit Card，UICC）承载工业互联网标识编码，支持多种加密算法，具有安全存储、数据加密/解密、身份认证等功能。具体技术能力参见 AII/019—2021《工业互联网标识解析 主动标识载体 通用集成电路卡技术要求》。

UICC 内部结构可分为 4 层，如图 2.12 所示[10]。

（1）物理平台，主要包括硬件处理器、算法寄存器、主动标识存贮等；

（2）UICC 操作系统，用于管理硬件物理平台、安全域名和应用等；

（3）安全域，用于为应用提供安全保护、通信协议等，不同安全域互相隔离；

（4）UICC 应用程序，根据业务要求提供相应的接口指令。

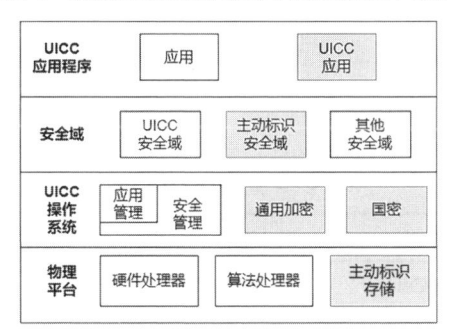

图 2.12　UICC 内部结构

来源：工业互联网产业联盟，《工业互联网标识解析 主动标识载体 通用集成电路卡技术要求》。

基于安全考虑，UICC 创建了私有文件保存标识，且标识文件只能通过特定接口函数进行访问。

根据能力的不同，UICC 可分为 A 型（高性能安全卡片）和 B 型（低性能安全卡片）。其中，A 型 UICC 支持国密算法和证书验证算法，而 B 型 UICC 仅支持基本对称加密算法和非对称加密算法。

UICC 的基本功能是通过 SDK 进行标识读写。A 型 UICC 接口函数与 B 型 UICC 接口函数分别如表 2.5 和表 2.6 所示。

表 2.5 A 型 UICC 接口函数

序号	指令名称	中文名称	说明
1	getSimKeyStatus	获取卡片状态	获取 UICC 的 ICCID、版本号、证书状态和是否激活
2	getRandom	获取随机数	
3	UICCsignature	卡签名	使用卡私钥对 ICCID 和随机数进行签名
4	getCSR	生成 CSR	生成用于申请 UICC 证书的 CSR 文件
5	saveCertificate	保存证书	
6	bindSIMKEY	保存绑定关系	
7	verifyPIN	校验 PIN	验证 UICC 的 PIN 值
8	modifyPIN	修改 PIN	修改 UICC 的 PIN 值（可选）
9	resetPIN	重置 PIN	重置 UICC 的 PIN 值（可选）
10	writeID	写入 ID	写入标识
11	readID	读取 ID	读取标识

表 2.6 B 型 UICC 接口函数

序号	指令名称	中文名称	说明
1	GET RAND	获取随机数	
2	IMPORT KEY	导入密钥	对称密钥或非对称密钥
3	READ IDENTIFIER	读取标识	
4	WRITE IDENTIFIER	写入标识	
5	DELETE IDENTIFIER	删除标识	

2.3.5.2 安全芯片

安全芯片（Secure Element，SE）可用于承载标识编码，具备独立安全内核、专用密码算法硬件计算单元、独立安全存储空间，具有地址加扰（Scrambling）、加密存储、访问控制功能，支持硬件真随机数，能够抵抗实验室级软件及物理攻击。安全芯片支持载体唯一标识存储，并防止被恶意篡改。具体技术能力参见AII/018—2021《工业互联网标识解析 主动标识载体 安全芯片技术要求》。

安全芯片在出厂阶段完成初始化，包括加载固件、载体管理保护密钥、载体管理认证密钥。初始化给安全芯片设置唯一设备可信标识，载体标识一旦写入不可修改。

安全芯片应用架构如图2.13所示[11]。

（1）硬件及驱动层，提供硬件和驱动支持；

（2）内核层，负责系统任务调度及空间、安全、通信管理等功能，为应用层提供支持；

（3）应用层，负责应用逻辑的实现，包含工业互联网标识应用及其他应用。工业互联网标识应用负责标识的写入、删除、修改、查询等。其他应用是指业务所需的其他功能模块，如SIM应用、USIM应用、其他安全应用等。

（4）数据层，实现每个应用的数据隔离，使其存储在各自的数据空间中，仅自身可以访问。工业互联网标识应用的数据包括主动标识、主动标识对应的密钥，以及其他数据。

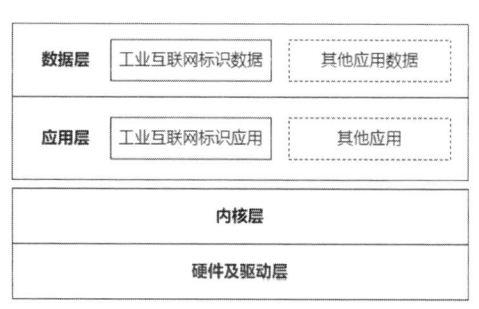

数据层	工业互联网标识数据	其他应用数据
应用层	工业互联网标识应用	其他应用
内核层		
硬件及驱动层		

图2.13 安全芯片应用架构

来源：工业互联网产业联盟，《工业互联网标识解析 主动标识载体 安全芯片技术要求》。

图 2.14 展示了主动标识载体和安全芯片的信息交互。由安全芯片提供主动标识载体应用服务，并保障标识应用的数据安全。主动标识载体 SDK 通过通用物理接口访问安全芯片，完成接口 4 的标识操作指令控制，并与主动标识载体安全认证服务平台实现接口 3 的标识管理的数据对接。主动标识载体 SDK 可根据实际场景需求，植入工业终端控制器 MCU（Micro-controller Unit）或蜂窝通信模组内，并通过接口 4 与安全芯片交互。

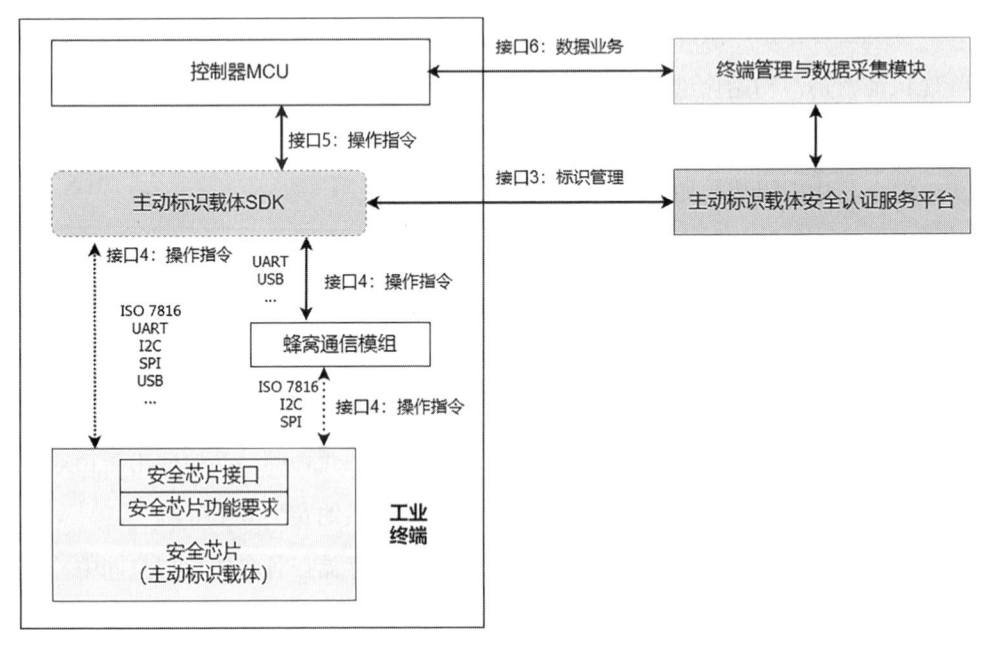

图 2.14　主动标识载体和安全芯片的信息交互

来源：工业互联网产业联盟，《工业互联网标识解析 主动标识载体 安全芯片技术要求》。

工业终端 App 或控制器 MCU 通过接口 5 的操作指令，访问主动标识载体 SDK，完成标识管理及标识解析应用业务。

安全芯片 SDK 的功能如下。

（1）服务工业终端应用，进行业务能力承接，实现基于标识的数据推送并获取安全通道接口；

（2）服务主动标识载体安全认证服务平台，进行安全芯片和主动标识载体安全认证服务平台之间的报文转发，实现标识管理及信息更新；

（3）安全芯片通信管理，如接口驱动、接口事务等。

安全芯片接口指令集如表2.7所示。

表2.7 安全芯片接口指令集

序号	指令名称	说明
1	Identifier Request	申请工业互联网标识
2	Identifier Management	管理工业互联网标识（增/删/改）
3	Identifier Upload	标识上行数据业务
4	Identifier Parse	标识下行数据业务
5	Identifier Read	读取工业互联网唯一标识
6	GetSN	获取安全芯片载体唯一序列号
7	Identifier Info Read	读取工业互联网标识附加信息

安全芯片提供基于工业互联网标识、标识密钥的可信标识应用服务，特点是保证标识业务的可信安全，具体功能如图2.15所示。

图2.15 主动标识载体安全芯片功能

来源：工业互联网产业联盟，《工业互联网标识解析 主动标识载体 安全芯片技术要求》。

标识业务应用主要分为标识身份鉴别、标识信息推送、标识信息获取、业务数据加固四部分。

1）标识身份鉴别

该部分提供基于标识业务密钥生成的标识身份认证数据，实现标识应用过程中的唯一身份识别。

2）标识信息推送

该部分具备工业终端向主动标识载体安全认证服务平台或企业节点推送标识信息的服务能力，并使用标识业务密钥实现信息交互的安全加固。

3）标识信息获取

该部分提供接口，接收主动标识载体安全认证服务平台或企业节点下发的标识业务数据，使用标识业务密钥验证数据真实性，并向工业终端反馈。

4）业务数据加固

该部分具备可信的链路加密通道能力，实现工业终端与数据采集模块之间业务数据的安全加固，防止业务数据被泄露和篡改。

2.3.5.3　通信模组

用于主动标识载体的通信模组（Communication Module，CM）能够承载工业互联网标识编码，集成控制器、通信芯片、存储器、支持国密的硬件安全等模块，提供标准接口功能，具备主动建立通信连接的能力。通信模组需要具备安全承载工业互联网标识及其相应凭证、支持合法接入主动标识载体安全认证服务平台、支持主动标识载体安全认证服务平台的标识管理、支持主动标识载体安全认证服务平台的凭证管理、支持广域通信网络连接、满足应用场景的业务需求等功能。具体技术能力参见 AII/020—2021《工业互联网标识解析 主动标识载体 通信模组技术要求》。

从功能架构来看，通信模组可以分为4层，如图 2.16 所示[12]。

（1）硬件层，为安全承载工业互联网标识及其相应凭证，相对于常规通信模组，增加了支持商用密码的 HSM（Hardware Security Module，硬件安全模块）；

（2）抽象层，与常规通信模组类似，由 HAL（Hardware Abstraction Layer，硬件抽象层）、libc（C语言库函数）、BSP（Board Support Package，板级支持包）、

Drivers 等构成；

（3）系统层，相对于常规通信模组，除了 OS、文件系统、无线通信、网络协议、OTA（Over-the-Air）升级、IoT 通信协议（如 MQTT、CoAP）、AT，还增加了安全引擎；

（4）应用层，相对于常规通信模组，增加了主动标识载体 SDK，支持主动标识载体安全认证服务平台的标识管理与凭证管理功能。

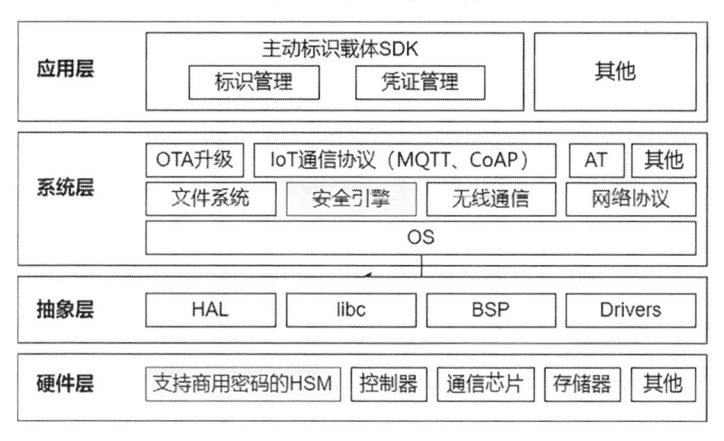

图 2.16　用于主动标识载体的通信模组的功能架构

来源：工业互联网产业联盟，《工业互联网标识解析 主动标识载体 通信模组技术要求》。

图 2.17 所示为通信模组作为主动标识载体的信息交互框架。其中，接口 5 的 AT 命令应至少具备如下功能。

（1）凭证烧录：将凭证烧录到主动标识载体中；

（2）凭证删除：执行主动标识载体凭证删除；

（3）标识写入：将标识写入主动标识载体安全存储区；

（4）标识读取：从主动标识载体安全存储区中读取标识；

（5）标识删除：删除主动标识载体安全存储区中的标识；

（6）标识修改：修改主动标识载体安全存储区中的标识；

（7）身份签名：读取主动标识载体的身份签名信息；

（8）身份验签：对平台/其他终端的身份合法性进行确认。

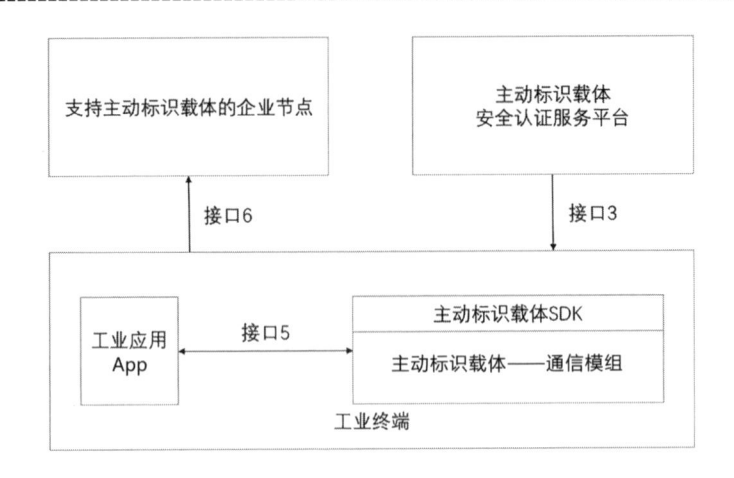

图 2.17　通信模组作为主动标识载体的信息交互框架

来源：工业互联网产业联盟，《工业互联网标识解析 主动标识载体 通信模组技术要求》。

主动标识载体能够主动建立物联网设备与标识解析的连接，在可信状态下支持基于标识的设备发现、数据获取、数据运营等服务，并提供可靠的数据支撑和传输保障。同时，主动标识载体具备信息安全服务能力，可保证终端安全及通信安全。

2.4　标识语义化

语义化（Semantic）是指显式表达数据对应的实体所代表的含义，以及这些含义之间关系的过程。

互操作性（Interoperability）常用于协同及标准化工作，是指两个产品、程序等能够一起使用的程度或质量。

语义互操作性（Semantic Interoperability）是数字世界的基石，对于对象之间的自动数据交换非常重要。没有语义互操作性，就无法为物联网设备、物联网对象和数字孪生（Digital Twins）启动自动数据交换。

企业需要以安全可靠的方式交换数据，并使用数据创造价值。具有语法语义解析功能的高级别标准在统一解决方案方面发挥着日益重要的作用，如工业 4.0

平台重视标准在提高制造业系统互操作性方面的作用，发布了工业 4.0 参考架构模型（RAMI4.0），为有关架构和解决方案的讨论奠定基础[7]。

数据语义化规范中常用的基本概念如下[13]。

（1）实例（Instance）是指一个独立的物理或逻辑元素的数据表达形式；

（2）关系（Relation）是指类与类、类与属性、属性与值之间的联系；

（3）发布（Publish）是指在外部文档中对数据结构进行建模；

（4）语义图（Semantic Graphs）是一个网络，代表了一个数据库中的所有语义关系。语义图不仅定义了数据元素之间的关系和上下文，还将这些关系本身作为数据存储在图中；

（5）本体（Ontologies）是一个共享词汇表。在一个具备语义能力的系统中，本体是在上下文中定义和表示数据的基础。它提供了一种正规方法，可以表达给定领域内的各种概念。这样在处理数据时，就能够以一种通用的表示方法，在不同的异构系统之间轻松实现互操作。

2.4.1　RDF 语义数据模型

资源描述框架（Resource Description Framework，RDF）是一种以三元组（Triple）表示的数据模型，形式如主语-谓语-宾语（Subject-Predicate-Object）。这些三元组本质上是一个数据模型（Data Model），是关于某种事实的断言（Assertion）。它提供了一个统一的标准，用于描述实体/资源。简单来说，就是表示事物的一种方法和手段。RDF 在形式上表示为 SPO 三元组（Subject Predicate Object Triple），有时称其为一条语句（Statement），在知识图谱（Knowledge Graph，KG）中也称其为一条知识。

RDF 序列化的方式主要有 RDF/XML、N-Triples、Turtle、JSON-LD 等。

（1）RDF/XML 用 XML 的格式来表示 RDF 数据；

（2）N-Triples 用多个三元组来表示 RDF 数据集，是最直观的表示方式。在文件中，每一行表示一个三元组，方便机器解析和处理；

(3) Turtle 比 RDF/XML 紧凑，可读性高于 N-Triples；

(4) JSON-LD 即"JSON for Linking Data"，使用键值对的格式来存储 RDF 数据。

- N-Triples 示例：

```
<http://www.midevice.xyz/device/1><http://www.midevice.xyz/ontology/name>"电机 "^^string.
<http://www.midevice.xyz/device/1><http://www.midevice.xyz/ontology/category>"电气设备 "^^string.
<http://www.midevice.xyz/device/1><http://www.midevice.xyz/ontology/code>"A96-567 "^^string.
<http://www.midevice.xyz/device/1><http://www.midevice.xyz/ontology/purchaseDate>"1996-03-18"^^date.
<http://www.midevice.xyz/place/300><http://www.midevice.xyz/ontology/location>"第三车间"^^string.
```

- Turtle 示例：

```
@prefix:person:<http://www.midevice.xyz/device/>.
@prefix:place:<http://www.midevice.xyz/place/>.
@prefix:<http://www.midevice.xyz/ontology/>.
person:1:name  "电机"^^string;
       :category "电气设备"^^string;
       :code " A96-567"^^string;
       :purchaseDate "1996-03-18"^^date;
place:300:    location "第三车间"^^string;
```

一系列互相连接的三元组就能构成一个 RDF 语义图。作为一种通用的信息表示方式，RDF 可以提供一个表示本体的模型。

2.4.2 标识数据语义化过程

工业互联网标识数据语义化要求将海量异构数据通过特定方法进行统一描述，其中包括语义描述框架、数据字典映射及语义库存储三部分。工业互联网标识数据语义化过程如图 2.18 所示。

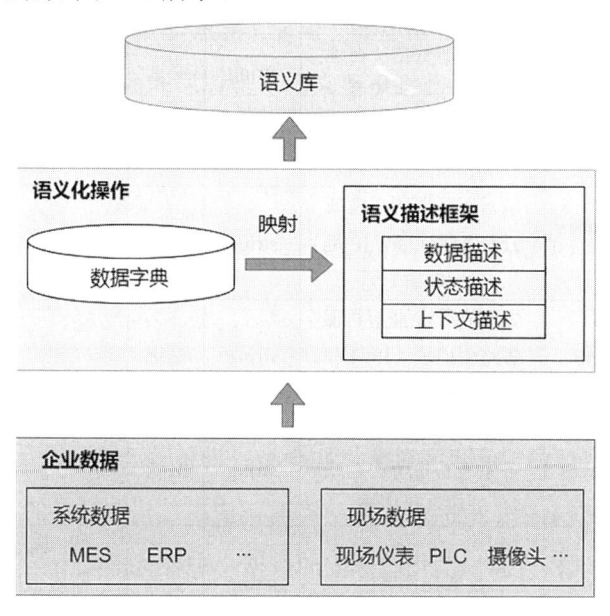

图 2.18　工业互联网标识数据语义化过程

来源：工业互联网产业联盟，《工业互联网标识解析 数据语义化规范》。

其基本过程就是企业数据经过语义化操作，被存储到语义库中。

企业数据包括系统数据及现场数据。其中，系统数据包括 MES、ERP 等，而现场数据包括现场仪表、PLC、摄像头等。

数据字典映射是指对异构数据进行统一映射，实现数据规范表达。

语义描述框架定义具体的语义描述结构，包括数据描述、状态描述和上下文描述。

语义库将实例化的语义描述框架进行存储与关联。

2.4.3　数据描述

1）数据含义对象

数据含义对象主要包括工业互联网标识、数据名称、数据描述及数据来源。

（1）数据名称：数据的定义，描述了数据所代表的含义。

（2）数据描述：数据名称的补充说明，包括文字信息、外部链接等。

（3）数据来源：提取数据的出处。例如，在数字车间中，端侧的数据主要来源于现场设备信息，边缘侧的数据主要来源于管理层的系统信息，包括ERP、PLM、MES等。

2）数据类型

（1）静态数据是指对象固有的、区别于其他实体的特征属性数据，主要包括以下类型。

① 主体数据：企业、机构、自然人等。

② 位置数据：物理或逻辑位置，如地址、物权所有方等。

③ 对象数据：物理或数字对象，如产品、设备等。

（2）动态数据是指工业品在生产、流通、使用过程中记录的，由于位置、状态、所有权、管理权等属性变化所产生的数据，主要包括以下类型。

① 生产数据：工业品通过加工从原料成为产品的过程数据。

② 流通数据：工业品在供应链中产生的仓储、运输、销售信息。

③ 使用数据：工业品在使用过程中产生的数据。

3）数据格式

数据格式主要包括数据存储的格式和数据标准单位。

（1）数据存储的格式：主要有整型、浮点型、字符串、布尔型等。

（2）数据标准单位：数据的物理单位。

4）时间戳

存储格式为"YYYY-MM-DD HH:MM:SS"。

2.4.4 状态描述

1）工作状态

工作状态主要描述数据来源的设备、传感器或系统的工作状态，具体状态包括运行状态、检修状态、备用状态、离线状态等。

2）访问权限

访问权限主要描述用户对数据进行访问或者修改的权限，数据的基本操作分为新增、删除、修改、查询。

2.4.5 上下文描述

1）关联数据

关联数据主要描述与目标数据具有关联关系的数据信息，该关联数据通过某种关联类型与目标数据建立联系，关联数据同样具有相同的语义描述框架，有数据描述、状态描述、上下文描述。

关联数据与目标数据是通过工业互联网标识来建立连接的。

2）关联类型

关联类型描述的是关联数据与目标数据的关联关系，关联类型通过定义关联关系为数据建立连接。关联类型包括递进关系、互逆关系等。语义描述框架如表 2.8 所示。

表 2.8 语义描述框架

描述分层	内容说明	
数据描述	数据含义对象	工业互联网标识
		数据名称
		数据描述
		数据来源
	数据类型	静态数据、动态数据
	数据格式	数据存储的格式
		数据标准单位
	时间戳	数据记录时间
状态描述	工作状态	设备、传感器或系统的工作状态
	访问权限	用户访问数据权限
上下文描述	关联数据	与该数据关联的数据信息
	关联类型	递进关系、互逆关系等

2.4.6　数据字典

工业互联网中的数据信息具有海量性、异构性的特点，针对工业互联网中呈指数增长的数据信息，需要通过编制数据字典来对数据进行统一处理。数据字典不仅能够消除数据的异议性，还能够解决数据的异构性问题。

数据字典作为标准模板将数字车间的数据映射为语义描述框架，对数据信息进行权威的统一描述。数据字典具有以下特点。

（1）数据分类信息明确，按行业或者领域对数据进行明确分类；

（2）数据含义定义准确，无歧义，并且有简单的描述信息；

（3）包含数据与数据之间的联系，如包含关系、继承关系等。

1）数据字典的应用

数据字典的应用包括数据输入和数据语义化框架映射。其中，输入数据包括现场数据和系统数据。现场数据包括现场仪表、PLC、摄像头数据等，系统数据包括 MES、ERP 数据等。

数据语义化框架映射将数据字典的输出数据按照顺序映射到语义描述框架的各个字段中。

数据语义化框架映射具有以下基本要求。

（1）系统数据、现场数据信息通过数据字典按照语义描述框架内容映射；

（2）数据字典将同义词或者表述内容相似的数据进行统一语义描述；

（3）数据字典支持中/英文映射。

2）数据字典的数据来源

数据字典的主要数据来源如下。

（1）国内标准，包括 GB/T 13745—2009、GB/T 24450—2009、GB/T 13861—2022、GB/T 32847—2016 等；

（2）国内外官方数据集，包括 eCl@ss、IEC 61360 等；

（3）工厂级、企业级定义的数据集等。

2.4.7 映射

数据通过数据字典映射到语义描述框架中，将数据中的数据名称与数据字典中的数据名称进行匹配，得出最符合的字段。如果该数据字典有该数据的工业互联网标识，则将工业互联网标识映射到语义描述框架标识字段中，剩余字段由数据填写，数据字典映射表如表2.9所示。

表 2.9 数据字典映射表

字段名	数据字段（来源于实际数据）	语义数据字段（来源于数据字典）	语义描述框架	主键	非空	唯一
工业互联网标识	id(1)	id(2)	id(2)	Y		Y
数据名称	name(1)	name(2)	name(2)		Y	Y
数据描述	description(1)	description(2)	description(2)			
数据来源	resource		resource		Y	
数据类型	type		type		Y	
时间戳	timestamp		timestamp		Y	
访问权限	authority		authority		Y	
工作状态	status		status			
数据标准单位	unit		unit			
关联数据		related-data	related-data			
关联类型		related-type	related-type			

2.4.8 语义库

语义库将实例化的语义描述框架进行存储与关联。

（1）语义描述框架存储格式包括关系型数据、图数据库等；

（2）支持语义描述框架的新增、删除、修改、查询操作；

（3）支持语义描述框架的关联检索。

2.4.9 数据语义信息示例

采用 XML 文档对工业互联网的数据语义描述框架信息进行发布，首先查询端向设备端发送如下 HTTP 指令。

```
GET/service/Service HTTP/1.1
Host: identifier
Accept: data/xml
```

HTTP 协议具有 4 种可执行操作类型，包括 GET（查询）、PUT（新增）、POST（修改、更新）、DELETE（删除）。Host 为设备端的唯一身份标识符，Accept: data/xml 表示接收的查询结果类型为 XML 文档格式。

然后通过工业互联网数据语义框架文档（RDF 语义数据模型）建立工业互联网数据语义框架，通过 XML 文档中标签的元数据建立服务关系。这里采用 XML 文档对工业互联网的数据语义描述框架信息进行发布，设备端返回的 XML 文档格式如下。

```
<?xml version="1.0"?>
<rdf:RDF xmlns:rdf="http://www.w3.**g/1999/02/22-rdf-syntax-ns#"
xmlns:data1="http://www.recshop.fake/data1#">
<data>
<rdf:Description rdf:about="http://www.recshop.fake/data1/mean">
<mean:id>"AAACCC0101"</mean:id>
<mean:name>"螺母"</mean:name>
<mean:description>" 螺母，用于安装"</mean:description>
<mean:resource_point>"仪表"</mean::resource_point>
</rdf:Description>
<rdf:Description
rdf:about="http://www.recshop.fake/data1/type">
<mean:type>"class"</mean:type>
</rdf:Description>
<rdf:Description rdf:about="http://www.recshop.fake/data1/reading">
<reading:value>"15.3"</reading:value>
<reading:type>"transient"</reading:type>
<reading:timestamp> "2019:11:09 12:23:14"</reading:timestamp>
</rdf:Description>
<rdf:Description rdf:about="http://www.recshop.fake/data1/formatting">
<formatting:units>"米"</formatting:units>
<formatting:calibration>"牛顿第一定律"</formatting:calibration>
</rdf:Description>
```

```
<rdf:Description
rdf:about="http://www.recshop.fake/data1/status">
<status:workingstatus>"working"</formatting:workingstatus>
<formatting:authority>"all"</formatting:authority>
</rdf:Description>
<rdf:Description rdf:about="http://www.recshop.fake/data1/related1">
<related1:relateddata>"BBBAAA0123"</related1:relateddata>
<related1:relatedtype>"class-property"</related1:relatedtype>
</rdf:Description>
</rdf:RDF>
</data>
```

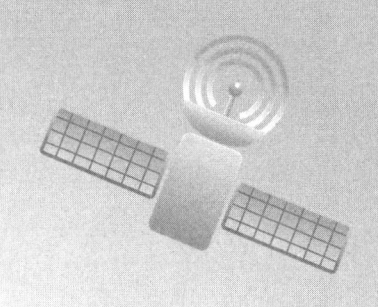

第三章　标识解析体系架构

工业互联网作为全新工业生态、关键基础设施和新型应用模式，通过人、机、物的全面互联，实现全要素、全产业链、全价值链的全面连接，在全球范围内不断颠覆传统制造模式、生产组织方式和产业形态，推动传统产业加快转型升级、新兴产业加速发展壮大[14]。

工业互联网是实体经济数字化转型的关键支撑，工业互联网标识解析体系是支撑工业互联网互联互通的神经枢纽。标识解析体系首先把企业业务对象及所需信息注册为一个全球唯一标识，然后各上、下游环节通过解析这个全球唯一标识，实现跨企业、跨行业、跨地域的信息资源集成共享，为全球供应链和企业生产精准对接、产品全生命周期管理和智能化服务提供基础服务，而标识是实现各类关联关系的关键对象和核心要素。

从企业角度来看，建立工业互联网标识解析体系的目的是对企业数据做有限制、有规则的开放，或者说企业在确保安全的前提下提供可控的数据共享。

工业互联网标识解析体系中的标识相当于互联网中的 IP 地址，与 DNS 架构类似，解析是注册的逆向工作，标识分级注册、分级管控、分级解析是一个成熟的最佳实践。

3.1 总体架构

工业互联网标识解析体系包括根节点、国家顶级节点、二级节点、企业节点和递归节点 5 个层级，还有托管与灾备节点（南京和成都），其架构如图 3.1 所示。

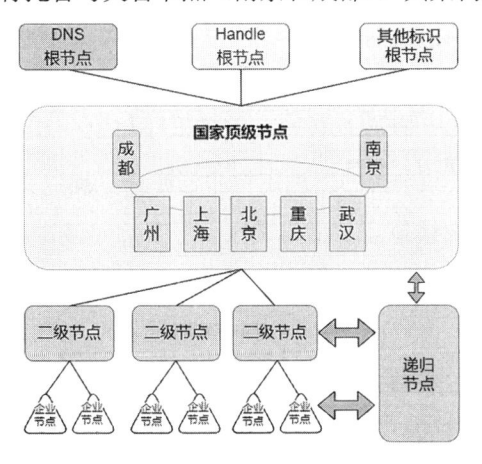

图 3.1 工业互联网标识解析体系架构

标识解析体系是一个树形分层架构，在逻辑上是一个分布式信息系统，在结构上与互联网 DNS 域名解析体系类似。

3.1.1　根节点

标识解析根节点（Root Node of Identification and Resolution）是标识解析体系管理的最高层级服务节点，提供面向全球范围的根层级的公共标识服务，并不限于特定国家或地区。

3.1.2　国家顶级节点

标识解析国家顶级节点（National Top-Level Node of Identification and Resolution）是一个国家或地区内部顶级的标识服务节点，能够提供面向全国或地区范围的顶级标识解析，具备标识备案、标识认证等管理能力。国家顶级节点作为工业互联网标识解析的"第一跳"，既要与各种标识解析体系的根节点保持连通，又要与国内的二级节点及以下其他标识服务节点保持连通。

截至 2022 年，我国已建成武汉、广州、重庆、上海、北京 5 个国家顶级节点。

3.1.3　二级节点

标识解析二级节点（Secondary-Level Node of Identification and Resolution）是为行业、行政区域或重点区域提供标识注册和解析服务的节点，一般由龙头企业或大型第三方机构搭建，具有高效率、高稳定性和安全可靠等特点，能连通异构标识体系，为工业互联网平台的信息定位和资源共享提供支撑，实现信息的备案、监测、认证等功能。二级节点向上与国家顶级节点对接，向下为企业节点分配标识编码并提供标识注册、标识数据、标识解析等服务。作为推动标识产业应用规模性发展的主要抓手，二级节点是打造有价值的行业级标识应用、探索可持续发展业务模式的关键。二级节点提供标识应用支撑和服务，使企业、行业、政府可以基于对标识对象信息的分析、关联、挖掘，实现各种智慧化应用，包括关键产品的全生命周期管理、产品追溯等，同时助力政府和行业的监管。

3.1.4 企业节点

标识解析企业节点（Enterprise Node of Identification and Resolution）是基于具体企业内部实际需求提供标识注册和解析服务的节点。每家企业都有自己的节点，该节点也被叫作三级节点，能够面向特定企业提供标识注册、标识解析、标识数据服务等，既可以独立部署，又可以作为企业信息系统的组成要素。

企业节点需要通过与二级节点对接来接入标识解析体系。

3.1.5 递归节点

标识解析递归节点（Recursive Node of Identification and Resolution）是标识解析体系的关键性入口设施，主要通过缓存等技术手段提升整体服务性能。当收到客户端的标识解析请求时，递归节点会首先查看本地缓存中是否有查询结果，如果没有，则会通过标识解析器返回的应答路径查询。递归查询的第一跳首先应指向国家顶级节点，然后逐级查询，直至最终查询到标识所关联的地址或者信息，将其返回给客户端，并将请求结果在本节点中缓存。

3.1.6 托管与灾备节点

托管与灾备节点作为工业互联网标识解析体系的重要组成部分，承担工业互联网标识节点业务支撑管理、数据托管、服务托管、紧急接管、顶级节点灾备和安全防护等任务，是关乎国家战略发展和工业安全的关键基础设施，在提升标识数据安全性、解析系统可靠性、系统整体服务持续性方面具有不可替代的重要作用。

截至2022年，我国已建成南京和成都两个托管与灾备节点。

除了以上各类节点，还有标识注册管理机构，即依法取得许可，承担面向标识注册服务机构的标识注册和管理任务，并负责管理注册服务器运行的机构，包括工业互联网标识编码体系集合包含的标识注册管理机构。

3.2 标识注册

标识编码一般采用分层结构实现层级化管理，包括国家代码、行业代码、企业代码、对象代码等部分。典型的标识编码格式如下。

国家顶级节点编码.二级节点编码.企业节点编码/企业对象编码

3.2.1 注册管理

标识注册（Identifier Registration）是标识注册管理机构或标识注册服务机构在注册系统中向标识使用者分配工业互联网标识编码的过程。

注册系统（Registration System）是用于按照编码规则和注册规程分配标识相关代码段并进行管理的系统。

工业互联网标识注册按照编码的分层结构采用分级注册管理机制，工业互联网标识注册与管理服务提供者分为标识注册管理机构和标识注册服务机构（二级节点）两类[15]。

工业互联网标识注册管理框架如图 3.2 所示。

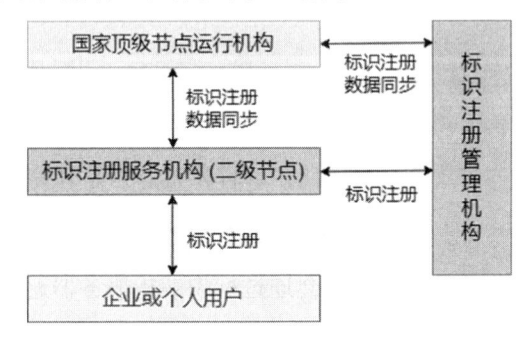

图 3.2　工业互联网标识注册管理框架

来源：工业互联网产业联盟，《工业互联网标识解析 标识注册管理协议与技术要求》。

标识注册管理机构面向二级节点提供工业互联网标识编码中的行业代码注册服务，所生成的编码部分被称为二级节点前缀，负责受理标识注册申请并维护注册数据库，其注册系统应实时向工业互联网标识解析国家顶级节点数据库同步注册数据。

标识注册服务机构（二级节点）面向企业或个人用户提供工业互联网标识编码中的企业代码注册服务，所生成的编码部分被称为企业节点前缀，负责受理标识注册申请并维护标识数据库，其注册系统应实时向工业互联网标识解析国家顶级节点数据库同步注册数据。

工业互联网标识一般采用分阶段注册模式，标识注册管理机构和标识注册服务机构（二级节点）分别负责对应前缀的分配，完成两阶段注册及其注册数据同步将视为该标识注册成功。

3.2.2 注册协议

3.2.2.1 通信协议

工业互联网标识注册一般采用可扩展配置协议（Extensible Provisioning Protocol，EPP）规范，建议采用 HTTP/HTTPS 方式提供相应服务接口，将两级注册机构对应的注册系统或业务管理系统作为客户端进行调用，并采用请求-应答模式。对于需要异步处理的业务，可以使用两步请求-应答模式满足需求。注册接口应支持 HTTPS 协议，以保证数据加密传输。

3.2.2.2 报文格式

EPP 一般采用 XML 报文格式传输数据，使用 XML Schema 校验数据格式。其中，http header 为安全数据；http body 为注册申请相关数据，包括主体数据、前缀数据等。http header 数据及其格式要求如表 3.1 所示。

表 3.1　http header 数据及其格式要求

元素名称	中文名称	类型	要求	说明
shrPrefix	二级节点前缀	string	必选	一级节点前缀包括国家代码和行业代码两部分
sign	签名	string	必选	EPP 数据签名

3.2.2.3 标识注册规程或协议标准参考

（1）VAA 标识注册应符合 VAA 注册要求，标识注册规程见 ISO/IEC 15459-2、ISO/IEC 15418；

（2）GS1 标识注册应符合 GS1 注册要求，注册规程见 ISO/IEC 15459-2；

（3）Handle 标识注册应符合 Handle 注册要求，注册协议见 RFC 3652；

（4）OID 标识注册应符合 OID 注册要求，注册规程和注册协议见 GB/T 26231；

（5）Ecode 标识注册应符合 Ecode 注册要求，注册规程和注册协议见 GB/T 35422；

（6）当采用其他标识体系时，应遵循对应标识体系的注册规程和协议标准。

3.3 标识解析

图 3.3 所示为工业互联网标识解析框架，该框架展示了工业互联网标识解析体系。其中，国家顶级节点、二级节点、企业节点被称为权威解析，负责最终解析标识。

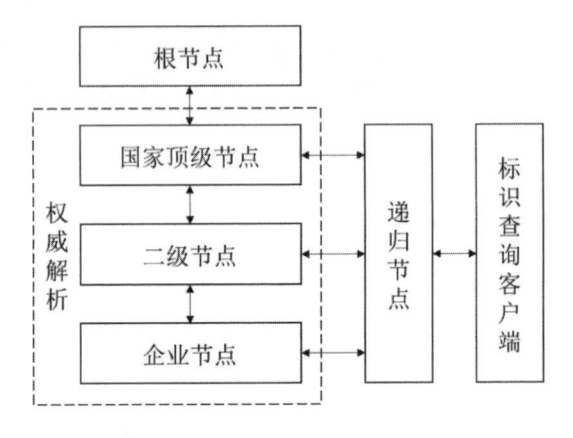

图 3.3　工业互联网标识解析框架

来源：工业互联网产业联盟，《工业互联网标识解析 权威解析协议与技术要求》。

图 3.4 所示为工业互联网标识解析流程。

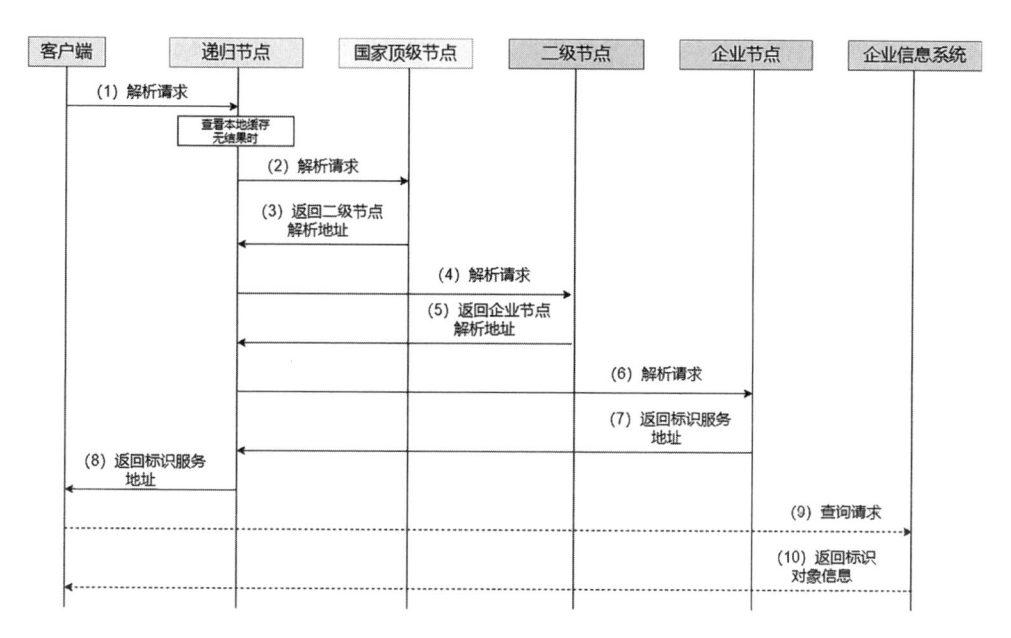

图 3.4　工业互联网标识解析流程

来源：工业互联网产业联盟，《工业互联网标识解析 权威解析协议与技术要求》。

标识查询客户端向递归节点发起标识解析请求，递归节点查看本地缓存，如果有本地缓存，则由递归节点直接将地址返回给客户端；如果无本地缓存，则通过标识解析服务器返回应答路径查询。依次由国家顶级节点、二级节点、企业节点返回解析地址，直至最终查询到标识所关联的地址，将其返回给客户端。

在解析过程中，如果调用的节点服务未能在指定时间内返回结果，则视为节点服务工作异常，返回解析出错信息。

3.4　解析协议

工业互联网的标识解析服务质量依赖权威服务正确、安全、可靠的运行，权威服务具备以下基本能力[16]。

（1）能够处理来自网络的个人或客户端的标识解析查询请求，并将标识解析第一跳转发到国家顶级节点；

（2）能够和该区的可信任服务器实现安全的数据传送。

标识解析权威服务协议要求如表 3.2 所示。

表 3.2 标识解析权威服务协议要求

解析功能	协议要求
网络处理	TCP、UDP、HTTP、HTTPS
标识解析	Handle、DNS、URP
用户查询协议	Handle、DNS、URP

协议功能主要包括创建标识、删除标识、查询标识、增加标识值、修改标识值、删除标识值、用户登录、获取站点信息、数据同步、批量压缩注册标识等。

3.4.1 权威解析协议数据包

3.4.1.1 协议数据包结构

协议数据包由 4 部分组成：消息信封、消息头、消息体、消息凭据。其中，消息体可为空。协议数据包结构如表 3.3 所示。

表 3.3 协议数据包结构

名称	说明	要求
消息信封（Message Envelope）	定长 20 字节	必选
消息头（Message Header）	定长 24 字节，包含客户端和服务器之间所有交换信息的常见数据字段，包括操作码（Operation Code）、响应码（Response Code）、每个协议操作的控制选项（Control Options）	必选
消息体（Message Body）	包含每个协议操作的特定数据。它的格式根据消息头中操作码和响应码的不同而变化。消息体可为空	必选
消息凭据（Message Credential）	为客户端和服务器之间交换的任何消息提供传输安全机制	必选

3.4.1.2 消息信封

在协议中，每条消息都以一个消息信封开始。如果一条消息在传输之前必须截断，则每个截断的部分也必须以消息信封开始。消息信封长度是固定的 20 字节，其中包含 7 个字段，消息信封结构如表 3.4 所示。

表 3.4 消息信封结构

字段名	字节数（Byte）	说明	要求
MajorVersion	1	主版本	必选
MinorVersion	1	次版本	必选
MessageFlag	2	消息标志位	必选
SessionId	4	会话 ID	必选
RequestId	4	请求 ID	必选
SequenceNumber	4	序列号，在消息截断的情况下计数	必选
MessageLen	4	消息长度，这里指除消息信封以外的长度，包含消息头、消息体和消息凭据	必选

3.4.1.3 消息头

消息头包含在任何协议操作中都会出现的数据元素。消息头长度是固定的 24 字节，其中包含 8 个字段，消息头结构如表 3.5 所示。

表 3.5 消息头结构

字段名	字节数（Byte）	说明	要求
OpCode	4	操作码	必选
ResponseCode	4	响应码	必选
OpFlag	4	操作标志位	必选
SiteInfoSerialNumber	2	站点信息序列号	必选
RecursionCount	1	服务的递归数目	必选
保留字段	1	保留字段，未使用	必选
ExpirationTime	4	消息过期时间	必选
BodyLength	4	消息体长度	必选

3.4.1.4 消息体

消息体总是跟在消息头之后。消息体长度可以通过消息头中的<BodyLength>字段来确定。消息体可为空。消息体的准确格式依赖消息头的<OpCode>字段和<ResponseCode>字段。

3.4.1.5 消息凭据

消息凭据主要用于携带由消息发布方签名的任何数字签名。如果已经建立了会话密钥，则它还可以携带消息身份验证代码（Message Authentication Code，MAC）。消息凭据用于保护消息头和消息体中的内容在传输期间不被篡改。消息凭据结构如表 3.6 所示。

表 3.6 消息凭据结构

字段名			字节数（Byte）	说明	要求
CredentialLength			4	消息凭据的长度	必选
Version			1	消息凭据的版本号	必选
Reserved			1	保留位	必选
Options			2	加密选项的保留位	必选
Signer	Name		UTF8-string	标识名称	必选
	Index		4	标识值的索引	必选
SignedInfo	Type		UTF8-string	指定 SignedInfo 的类型	必选
	Length		4	4 字节无符号整数，指定<SignedInfo>字段的字节	必选
	DigestAlgorithm		UTF8-string	摘要算法	必选
	SignedData	LENGTH	4	指定签名内容的长度	必选
		SIGNATURE		签名内容	必选

3.4.2 权威解析协议功能

3.4.2.1 创建标识

标识注册服务器通过向解析服务器发送创建标识的请求来创建新的标识。在创建标识时,将消息头的<OpCode>字段设置为 100,创建标识消息体结构如表 3.7 所示。

表 3.7 创建标识消息体结构

名称		字节数(Byte)	说明	要求
Name		UTF8-string	标识名称,类型为 UTF8-string	必选
ValueList	ValueNumber	4	标识值数量,可以是 0 个或者多个	必选
	Value		标识值	必选

3.4.2.2 删除标识

标识注册服务器通过向解析服务器发送删除标识的请求来删除标识。在删除标识时,将消息头的<OpCode>字段设置为 101,删除标识消息体结构如表 3.8 所示。

表 3.8 删除标识消息体结构

名称	字节数(Byte)	说明	要求
Name	UTF8-string	标识名称,类型为 UTF8-string	必选

3.4.2.3 查询标识

客户端发送一个查询请求到负责该标识的解析服务器中,解析服务器处理查询请求后,返回查询结果给客户端。在查询标识时,将消息头的<OpCode>字段设置为 1,查询标识消息体结构如表 3.9 所示。

表 3.9 查询标识消息体结构

名称		字节数（Byte）	说明	要求
Name		UTF8-string	标识名称，类型为 UTF8-string	必选
IndexList	IndexNumber	4	要查询的标识索引数量，可以是0个或者多个	必选
	Index	4	标识值的索引	必选
TypeList	TypeNumber	4	要查询的标识类型数量，可以是0个或者多个	必选
	Type	UTF8-string	标识值的类型，类型为 UTF8-string	必选

3.4.2.4 增加标识值

标识注册服务器向解析服务器发送请求，在现有的标识中增加标识值。在增加标识值时，将消息头的<OpCode>字段设置为 102，消息体结构如表 3.10 所示。

表 3.10 标识值操作消息体结构

名称		字节数（Byte）	说明	要求
Name		UTF8-string	标识名称，类型为 UTF8-string	必选
ValueList	ValueNumber	4	标识值数量，可以是0个或者多个	必选
	Value	4	标识值	必选

3.4.2.5 修改标识值

标识注册服务器向解析服务器发送修改标识值的请求。在修改标识值时，将消息头的<OpCode>字段设置为 104，消息体结构如表 3.10 所示。

3.4.2.6 删除标识值

标识注册服务器向解析服务器发送删除标识值的请求，在删除标识值时，将消息头的<OpCode>字段设置为 103，消息体结构如表 3.10 所示。

3.5 标识数据参考模型

工业互联网标识对象是指在工业互联网中可标识的机器、产品等物理资源和算法、工序等虚拟资源，也被称为业务对象。

标识数据参考模型规范的数据是通过标识解析获得的，该模型应用于工业互联网中生产、制造和流通使用的数据内容，由对象类型、属性数据、事件数据构成[17]，如图3.5所示，具体介绍如下。

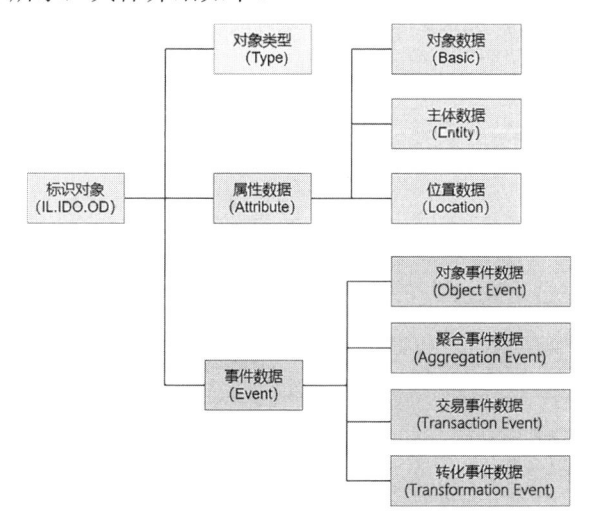

图3.5 标识数据参考模型

来源：工业互联网产业联盟，《工业互联网标识解析 标识数据参考模型》。

（1）对象类型：包括人员、机器、物料、方法、环境、产品6大类。

（2）属性数据：用于描述工业互联网中人员、机器、物料、方法、环境、产品固有的，区别于其他实体的属性特征的数据，包含以下类型。

① 对象数据：标识对象本身的基本状态和属性的信息集合。

② 主体数据：标识对象所属的企业、机构、自然人的信息集合。

③ 位置数据：标识对象所在的物理或逻辑位置的信息集合。

（3）事件数据：用于描述标识对象在生产、流通、使用过程中记录的，由位置、状态、所有权、管理权等变化所产生的数据，包含以下类型。

① 对象事件数据：描述标识对象本身发生变化的事件的集合。

② 聚合事件数据：描述标识对象与其他标识对象发生的聚合和拆分过程的事件的集合。

③ 交易事件数据：描述标识对象在本身发生变化时的相关交易业务事件的集合。

④ 转化事件数据：描述标识对象通过加工从原料变为产品的事件的集合。

属性数据由属性分类和对象信息两个层次构成，应描述为 II.IDO.OD.Attribute 类型，可使用 XML 文档或 JSON 字符串表示。属性数据参考模型如图 3.6 所示，具体介绍如下。

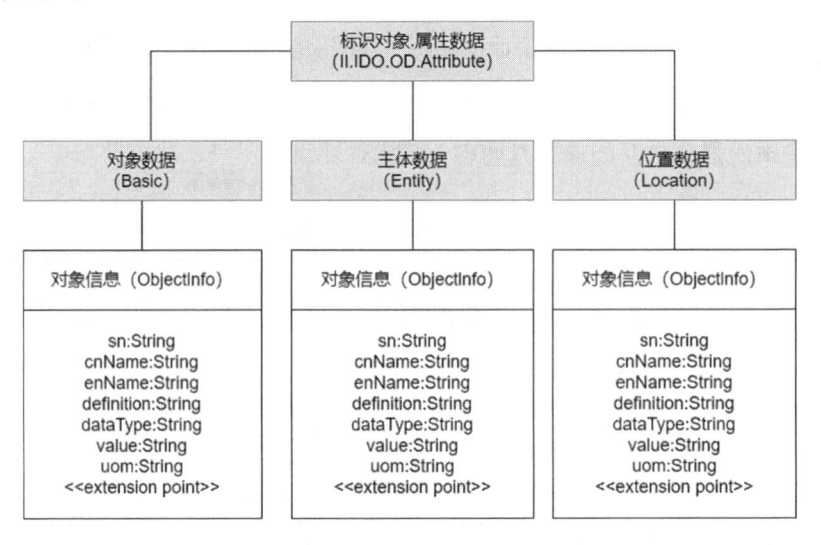

图 3.6 属性数据参考模型

来源：工业互联网产业联盟，《工业互联网标识解析 标识数据参考模型》。

（1）属性分类：任意对象都应包含对象数据、主体数据和位置数据，可根据标识对象的实际情况设置不同的属性分类，具体类型如下。

① 对象数据：II.IDO.OD.Attribute.Basic。

② 主体数据：II.IDO.OD.Attribute.Entity。

③ 位置数据：II.IDO.OD.Attribute.Location。

（2）对象信息：每种属性分类都应包含一项或多项对象信息。

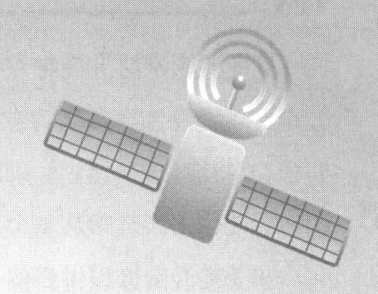

第四章 标识解析体系部署实施

工业互联网的实施重点是明确工业互联网核心功能在制造系统各层级的功能分布、系统设计与部署方式，建设"网络、标识、平台、安全"四大实施系统。其中，"标识"部分注重标识的注册与解析、标识相关资源应用等关键系统的构建。

工业互联网标识解析体系的部署实施在工业互联网实施框架下进行。工业互联网的实施以传统制造体系的层级划分为基础，适度考虑产业协同，按照"设备、边缘、企业、产业"四个层级开展系统建设。

4.1 标识解析体系实施架构

工业互联网标识解析体系实施架构如图 4.1 所示，部署实施贯穿设备、边缘、企业、产业四个层级，形成以设备层和边缘层为基础，以企业层和产业层的节点建设为核心的实施架构。

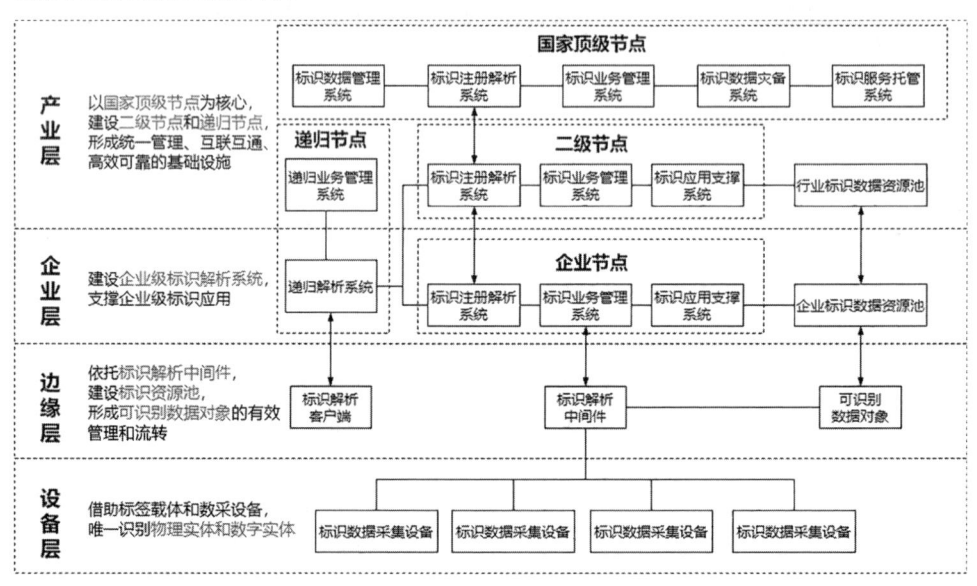

图 4.1 工业互联网标识解析体系实施架构

来源：工业互联网产业联盟，《工业互联网体系架构（版本 2.0）》。

4.1.1 设备层

设备层对应工业设备、产品的运行和维护功能，关注设备底层的监控优化、故障诊断等应用。设备层部署实施的核心目的是实现物理资源的数字化，该层是整个标识解析体系可以运转的前提条件。部署实施的关键在于以下两个方面。

（1）复杂工业场景下不同的标识对象和种类繁多的标识载体技术对工业互联网标识进行有效适配；

（2）面对多种多样的标识载体实现标识识别和标识数据的实时采集。

设备层部署实施主要涵盖载体管理和标识数据采集。

载体管理是指管理多种工业互联网标识载体，提高被动标识载体和主动标识载体对工业互联网标识的适配度，实现在设备层的大规模部署应用。合理升级标识载体，明确标识在不同载体中的存储位置和存储方式，通过标识生成软件直接集成到设备赋码系统中，支持标识在不同载体中自动生成。

标识数据采集兼容面向一维条码、二维码、NFC等被动标识载体和通用集成电路卡、通信模组、安全芯片等主动标识载体的数据采集方式，借助标识载体和数据采集设备唯一识别物理实体与数字实体。标识数据采集设备应具备身份认证功能，支持对不同标识解析体系的识别和数据采集。

工艺设备是企业数字化转型的核心基础。采集控制系统是触手，承担与设备层对接，以及收集、整合与设备层有关数据的职责，也是数字化转型中的信息化管理的基础。

标识数据采集主要涉及数据采集与监控（SCADA）系统、分布式控制系统（DCS）、制造执行系统（MES）、可编程逻辑控制器（PLC）、能源管理系统（Energy Management System，EMS）、现场总线控制系统（Fieldbus Control System，FCS）、计算机集成过程控制系统（Computer Integrated Producing System，CIPS）等各类系统，各类企业应根据相关标准、行业要求和业务需求选择进行编码注册的业务实体。

4.1.2 边缘层

边缘层对应车间或产线的运行维护功能，关注工艺配置、物料调度、能效管理、质量管控等应用。边缘层部署实施的核心目的是实现对可识别数据对象的有效管理和流转。

边缘层部署实施的两个关键问题如下。

（1）面对各类数据采集设备和通信协议实现数据的实时采集；

（2）面对复杂的上层工业应用场景建立通用的数据服务模型。

由于边缘层更加注重数据的通用能力，因此在部署实施过程中需要重点考虑数据流转和处理。例如，提高数据采集的兼容性，聚焦数据处理能力，向下协调各类数据资源，对采集到的不同来源、格式和性质的数据进行清洗、整合并转化为标准的数据格式，并将其上传到企业标识解析系统和数据资源池中，提升数据通用服务能力，为访问集成数据的应用提供统一的数据模型和通用接口，支撑各种数据信息资源的快速集成和应用。

在部署实施过程中需要重点考虑以下两个方面。

（1）部署标识解析中间件，内嵌通用标识解析数据服务模型，与工业软件和工业采集设备高度集成，将多源异构的采集数据转化为可读可理解的标准数据；

（2）为标识资源池提供统一可识别的数据对象，将经过标识解析中间件处理后的分类工业数据存储到标识资源池中，作为企业层和产业层数据应用的有效支撑。

4.1.3 企业层

企业层对应企业平台、网络等关键能力，关注订单计划、绩效优化等应用。企业层部署实施的核心目的是面向企业实现数据资源的集成优化。

在部署实施过程中需要重点关注以下两个问题。

（1）企业负责设计业务应用模式和敏感数据的暴露程度；

（2）持续提升标识解析体系与现有工业系统的集成程度，以便更有效地支撑上层业务需求。

由于企业层建设更加关注业务场景应用，因此在部署实施过程中还需要重点考虑标识解析体系在企业节点中的应用模式。

（1）建设标识注册和标识解析体系，在企业内部提供产品标识注册、标识管理和标识数据查询等基本功能；

（2）结合企业实际需求，规范业务数据服务模型，面向供应链管理、产品追溯、设备运维等典型应用场景打造可视化的数据应用模板，驱动标识解析体系在企业节点中的集成应用；

（3）聚焦数据管理和共享，制定不同颗粒度的接口标准和访问控制协议，进而实现数据的有效交互共享和信息的深层次价值发现。

在部署实施过程中，面向企业部署标识解析企业节点，建设企业级标识注册解析体系、标识业务管理系统，支撑企业级标识解析集成应用，并可根据该企业的实际情况定义工厂内部标识解析体系的组网形式和企业内部的数据格式。

企业标识数字资源池为企业节点提供统一的数据交互接口和通用数据模型，对企业层的规范数据进行有效存储和分类，依托工业互联网标识解析体系，有力支撑企业层的数据流通和集成应用，促进企业级的标识解析集成创新应用。

4.1.4 产业层

产业层对应跨企业平台、网络和安全系统，关注供应链协同、资源配置等应用。产业层部署实施的核心目的是面向行业实现工业元素的统一运维和管理。在部署实施过程中需要重点关注以下两个问题。

（1）面向产业提供稳定高效的标识解析和数据管理服务；

（2）兼容现有的异构标识解析体系，实现更大范围内的互联互通。

由于产业层覆盖范围更加广泛、业务模式更加复杂，因此在部署实施过程中，应重点考虑兼容性、可靠性等问题。

产业层面向产业建设标识注册和标识解析体系，以建设国家顶级节点为核心，以二级节点和递归节点为纽带，构建统一管理、互联互通、高效可靠的新型基础设施，为不同行业提供稳定高效的标识解析服务，实现全国甚至更大范围内的互联互通。

产业层建设有利于推动行业集成创新应用，深化标识解析技术与行业的融合程度，探索集成应用场景，进一步推动跨行业、跨领域的数据流转和业务协同。

4.1.5 部署模式

工业互联网标识解析体系采用分层分级的部署模式。

在国家顶级节点中建设标识数据管理系统、标识注册解析系统、标识业务管理系统、标识数据灾备系统、标识服务托管系统。国家顶级节点面向二级节点提供标识解析和数据管理服务，实现全国工业元素的全局统一管控和协调。

在二级节点中建设标识注册解析系统、标识业务管理系统、标识应用支撑系统。二级节点向上连接国家顶级节点，向下连接企业节点，面向特定行业或多个行业提供稳定高效的标识解析服务。

在企业节点中建设标识注册解析系统、标识业务管理系统、标识应用支撑系统。企业节点向上连接二级节点，对外连接递归节点，自动采集本企业各类业务对象数据，对业务对象进行编码并形成标识信息，通过向二级节点申请来注册标识和标识信息，并提供本企业标识数据的解析服务。

在递归节点中建设递归业务管理系统、递归解析系统，接收客户端查询请求，通过缓存等技术手段整体提升工业互联网标识解析体系的服务性能。

4.2 二级节点

二级节点需要向标识注册管理机构申请才能获取标识编码资源，在此基础上，二级节点为其服务对象提供标识编码的分配、管理和解析服务[18]。

当二级节点进行下级标识编码分配时，应遵守国家有关法律法规和工业互联网标识解析体系的总体要求，也应符合所在行业的国际标准、国家标准、行业标准等。

二级节点承上启下，是标识解析体系的枢纽。

4.2.1 架构

二级节点总体架构包括管理体系、应用体系、功能体系、接口，以及安全保障和基础设施，如图 4.2 所示。

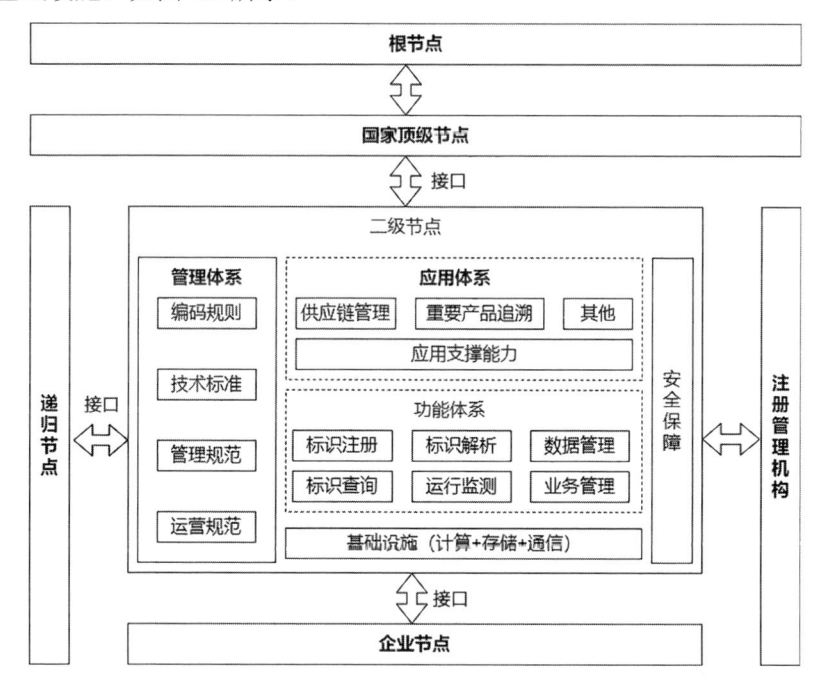

图 4.2 二级节点总体架构

来源：工业互联网产业联盟，《工业互联网标识解析 二级节点技术要求》。

1）管理体系

管理体系明确二级节点建设与运营相关的管理要求，包括编码规则、技术标准、管理规范和运营规范等。

2）应用体系

应用体系提供供应链管理、重要产品追溯、产品全生命周期管理等应用，具备与智能化生产、网络化协同、规模化定制、服务化延伸等工业互联网应用模式结合的应用支撑能力。

3）功能体系

功能体系提供标识服务的基础系统功能，包括标识注册、标识解析、数据管理、标识查询、运行监测、业务管理。

4）接口

接口包括二级节点与国家顶级节点、递归节点、企业节点之间的运营管理监测接口、网络通信接口，并提供相应的数据传输格式等。

4.2.2 命名规则

二级节点采用不排他的原则，同一行业可建立多个行业型二级节点。

为区分同一行业的不同二级节点，显性化二级节点责任主体，命名规则采用"工业互联网标识解析二级节点及应用服务平台（行业类别+二级节点责任主体）"的形式，其中，二级节点责任主体为公司简称，如某公司将责任主体的二级节点命名为"工业互联网标识解析二级节点及应用服务平台（汽车行业，**汽车）"。

综合型二级节点的命名规则采用"工业互联网标识解析综合型二级节点及应用服务平台（二级节点责任主体）"的形式，如"工业互联网标识解析综合型二级节点及应用服务平台（**石化）"。

从管理到技术，标识上级节点对标识下级节点都需要穿透式的监管能力。

4.2.3 设计要求

二级节点在标识解析体系中的枢纽位置决定了其在设计上具有较高的要求，主要包括以下几个特性。

1）互通性

二级节点具备标识解析体系中最大程度的互通性，向上对接国家顶级节点，向下对接企业节点，并与递归节点互通，同时支撑标识应用体系。

2）可靠性

由于二级节点直接影响某个行业的正常运行，因此应采用相关技术确保二级节点的稳定运行，以保障标识解析等基础服务的可用性，使其具备异常处理能力，并且能达到传输速度的基本要求。

3）安全性

二级节点与国家顶级节点、递归节点和企业节点的通信通道都是安全通道，保障传输数据的完整性、准确性、有效性。

4）兼容性

二级节点支持工业互联网标识编码体系集合包含的一种或多种标识体系。

5）扩展性

二级节点具备负载均衡能力和标识业务扩展能力，能够支撑各领域标识应用的持续加入。

4.2.4 基本功能

二级节点提供的基本功能包括标识注册、标识解析、标识查询、业务管理、数据管理、运行监测。

4.2.4.1 标识注册

二级节点标识注册支持工业互联网标识编码体系集合包含的一种或多种标识注册体系。

标识注册按照编码的分层结构采用分级注册管理机制，先由标识注册管理机构向二级节点提供行业代码注册服务，再由二级节点向企业节点提供企业代码注册服务。

二级节点承上启下，既要向标识注册管理机构申请注册本节点以接入标识解析体系，又要负责响应企业节点的节点接入请求和标识注册请求。

1）向上注册本二级节点

二级节点向标识注册管理机构提交注册申请信息，包括二级节点责任主体基本信息、所属行业、联系人等注册主体数据，以及解析路由等解析记录数据。

当二级节点责任主体信息及其配置信息变更时，应及时向标识注册管理机构提交变更申请。

2）企业节点接入注册

企业节点应向二级节点提交企业主体注册申请信息，企业主体信息及其配置信息变更后应及时向二级节点提交变更申请。

3）节点注册数据项

节点注册数据项如表4.1所示，数据要求详见《工业互联网标识解析 二级节点技术要求》附录表A.1和表A.2。

表4.1 节点注册数据项

元素名称	中文名称	类型	要求	说明
shrPrefix	标识前缀	string	必选	□在二级节点注册申请时，标识前缀包括国家代码和行业代码两部分□在企业节点注册申请时，标识前缀包括国家代码、行业代码和企业代码三部分
CompanyName	企业名称	string	必选	
CompanyNature	企业性质	string	必选	□国有控股□民营控股□外商控股□事业单位□民营非营利组织
CompanyAdd	企业地址	string	必选	
CompanyIDType	企业证件类型	string	必选	
CompanyID	企业证件号	string	必选	
CompanyIDPhoto	企业证件照片	string	必选	
CorpName	法人名称	string	必选	
CorpIDType	法人证件类型	string	必选	
CorpIDNum	法人证件号	string	必选	
CorpIDPhoto	法人证件照片	string	必选	
CompanyIntroduce	企业简介	string	必选	200字左右的企业简介，包括公司名称、成立时间、所在省市、主营业务、主要用户群体、行业地位等信息

续表

元素名称	中文名称	类型	要求	说明
IndustryType	行业类型	string	必选	参考 GB/T 4754—2017《国民经济行业分类》
ContactName	联系人名称	string	必选	
ContactNum	联系人手机号	string	必选	
ContactEmail	联系人邮箱	string	必选	
official website	官方网站	string	必选	
Registered	注册机关	string	必选	
RegisteredCapital	注册资本	string	必选	
SetupDate	成立日期	string	必选	
CompanyExpiryDate	有效期	string	必选	
CompanyAddress	所在省市	string	必选	
MailingAddress	法人代表人通信地址	string	必选	
CorpPostal	法人代表人邮政编码	string	必选	
Corpfex	法人代表人传真	string	必选	
TelecomLicense	是否取得过监管部门颁发的电信业务经营许可证	string	必选	□是 □否
TelecomType	已颁发许可证批准经营的业务种类	string	必选	没有则填写"空"
Value-addedTelecomLicense	是否取得过互联网域名增值电信业务经营许可证	string	必选	□域名根服务器运行机构许可证 □域名注册管理机构许可证 □域名注册服务机构许可证 □否
LicenseNumber	许可证号	string	必选	没有则填写"空"
SecondLevelNodeBuilders	二级节点/企业标识服务系统建设	string	必选	□自营 □委托，委托机构名称 需附委托合同，并加盖公章
SecondLevelNodeOperator	二级节点/企业标识服务系统运营	string	必选	□自营 □委托，委托机构名称 需附委托合同，并加盖公章
RegisteredDataAddress	标识注册系统所在地或云服务供应商，IP地址和端口号	string	必选	

续表

元素名称	中文名称	类型	要求	说明
DataAddress	标识注册数据所在地或云服务供应商	string	必选	
DataBackupAddress	注册数据备份所在地或云服务供应商	string	必选	
SecondLevelNodeParsingPort	解析服务器所在地或云服务供应商，IP地址和端口号	string	必选	
SecondLevelNodeIP	二级节点/企业解析服务路由地址（IPv4和IPv6地址）	string	必选	
ServiceBackupAddress	二级节点/企业标识服务系统备份所在地或云服务供应商	string	必选	
DataHostingUnit	数据托管单位	string	必选	例：国家顶级节点（北京）需附合同复印件，并加盖公章，受托方需为境内机构
ServiceHostingUnit	服务托管单位	string	必选	例：南京ZB节点需附合同复印件，并加盖公章，受托方需为境内机构
NameCompliance	标识注册名称合规实施	string	必选	例：符合GB/T ****
ServiceSector	二级节点/企业服务行业	string	必选	
SecondLevelNodeDomain	二级节点/企业对外提供标识服务的网站名称、域名、IP地址	string	必选	
CodingType	支持标识编码类型	string	必选	标识编码类型可选填，单选或综合GS1/Handle/OID/Ecode/VAA/DID/MA/其他

注册主体信息上报接口示例如下。

请求示例：

```
<?xmlversion="1.0"encoding="UTF-8"?>
<eppxmlns="urn:ietf:params:xml:ns:epp-1.0">
```

```
<command>
<create>
<ent:createxmlns:ent="urn:ietf:params:xml:ns:idis-ent-1.0">
<ent:shrPrefix>88.111</ent:shrPrefix>
<ent:entType>1</ent:entType>
<ent:entCrCode>1001</ent:entCrCode>
<ent:entCrtImg>base64</ent:entCrtImg>
<ent:entCrtImgType>png</ent:entCrtImgType>
<ent:entNameCn>企业名称</ent:entNameCn>
<ent:entProvinceCode>01</ent:entProvinceCode>
<ent:entCityCode>01</ent:entCityCode>
<ent:entCountyCode>01</ent:entCountyCode>
<ent:entAddrCn>企业地址</ent:entAddrCn>
<ent:entNameEn>teleinfo</ent:entNameEn>
<ent:entAddrEn>cuihu</ent:entAddrEn>
<ent:entWebSite>http://www.telein**.cn/</ent:entWebSite>
<ent:entDesc>desc</ent:entDesc>
<ent:contact>
<ent:name>张三</ent:name>
<ent:email>test@te**.cn</ent:email>
<ent:phone>188888888**</ent:phone>
</ent:contact>
<ent:legalPerson>
<ent:name>张三</ent:name>
<ent:idType>1</ent:idType>
<ent:idNo>1100000000000</ent:idNo>
<ent:idImgType>png</ent:idImgType>
<ent:idImg>base64</ent:idImg>
</ent:legalPerson>
</ent:create>
</create>
<clTRID>12345</clTRID>
</command>
</epp>
```

响应示例:

```
<?xmlversion="1.0"encoding="UTF-8"?>
<eppxmlns="urn:ietf:params:xml:ns:epp-1.0">
```

```
<response>
<resultcode="1000">
<msg>Commandcompletedsuccessfully</msg>
</result>
<resData>
<ent:creDataxmlns:ent="urn:ietf:params:xml:ns:idis-ent-1.0">
<ent:entId>00000001</ent:entId>
</ent:creData>
</resData>
<trID>
<clTRID>12345</clTRID>
<svTRID>s12345</svTRID>
</trID>
</response>
</epp>
```

4.2.4.2 标识解析

二级节点提供所分配标识编码的网络定位及其对应标识对象的信息。

二级节点标识解析支持接入认证，保证解析过程安全可信。

4.2.4.3 标识查询

二级节点支持标识查询，包括精准查询和模糊查询。

（1）支持通过企业名称、标识前缀、关键字对已注册的企业节点信息进行查询；

（2）具备查询扩展能力，根据业务需求扩展查询条件和查询结果内容；

（3）支持权限控制管理，根据不同角色和用户设置标识数据查询权限，同时对角色、用户、权限进行管理；

（4）至少支持工业互联网标识编码体系集合包含的标识体系对应的查询协议中的一种。

4.2.4.4 业务管理

二级节点业务管理功能至少包括以下内容。

（1）支持相应的用户管理、计费、审核等业务功能；

（2）支持企业用户审核备案，支持企业节点前缀分配、停用、启用、删除等功能；

（3）支持企业节点统计量、标识注册量、标识解析量等信息的统计和查看等功能。

在系统研发过程中二级节点业务功能测试至少包括以下功能。

（1）检查二级节点是否支持企业节点前缀分配；

（2）暂停企业节点，检查二级节点是否支持企业节点前缀停用；

（3）重新启用企业节点，检查二级节点是否支持企业节点前缀启用；

（4）检查二级节点是否支持企业节点前缀删除。

4.2.4.5 数据管理

二级节点数据管理功能如下。

（1）管理其标识注册数据、标识解析数据和标识业务数据；

（2）支持二级节点与国家顶级节点数据同步、企业节点与二级节点数据同步、企业节点与国家顶级节点数据同步，同时基于标识数据及其对象数据进行数据分析、统计和挖掘；

（3）实时更新和维护二级节点与企业节点的注册数据，保证其正确性；

（4）支持按企业、行业等维度进行标识注册量的统计分析；

（5）支持对标识应用进行数据分析和挖掘，并将统计结果上报到国家顶级节点；

（6）管理二级节点标识解析列表，保证其正确性和实时性，提供准确的标识解析服务；

（7）支持数据托管，将注册数据和解析数据托管到国家顶级节点或有资质的第三方数据托管机构；

（8）支持企业节点上报数量统计、企业审核状态、审核历史数据分析，并将结果上报到国家顶级节点。

4.2.4.6 运行监测

二级节点运行监测功能如下。

（1）向国家顶级节点发送解析服务 IP 地址和端口，接收国家顶级节点的监测请求，并对请求实时做出响应；

（2）要求其下所有企业节点开放解析服务 IP 地址和端口，接收二级节点和国家顶级节点的监测请求，并对请求实时做出响应；

（3）将解析运行日志、运行状态和安全状态等信息上报到国家顶级节点；

（4）要求其下所有企业节点将解析运行日志、运行状态和安全状态等信息上报到二级节点和国家顶级节点。

运行状态和安全状态信息上报时间间隔应符合标准要求。运行监测数据格式如表 4.2 所示。

表 4.2 运行监测数据格式

字段号	字段名称	字段类型	说明
1	CompanyIdentifer	string	企业标识
2	RunningState	string	运行状态（正常、繁忙、空闲）
3	RT	string	平均响应时间
4	QPS	long	每秒解析量
5	ConcurrentUsers	string	并发用户数
6	ResourceConsumption	string	资源消耗（CPU/内存占用率）
7	FailureTime	string	系统故障时长
8	AttackTime	string	被攻击次数
9	AttackType	string	被攻击类型
10	AttackObject	string	被攻击目标
11	ResponseCapacity	string	响应处置时间
12	AttackPower	string	攻击强度
13	SystemResilience	string	系统恢复时间

4.2.5 安全要求

4.2.5.1 安全网络

二级节点应保障标识注册和解析系统在网络上的安全运行环境，采用防火墙、网络访问控制等方式进行网络安全防御。

二级节点应提供注册标识服务的安全防护措施，支持内外网隔离、黑白名单

IP 地址访问机制。

4.2.5.2 身份认证与访问控制

二级节点应具备用户认证机制，确保访问二级节点的用户身份的真实性，支持多种身份认证模式，如证书、生物特征等。

（1）支持多种管理员登录的方式，如公/私钥登录、生物特征识别和密码登录；

（2）支持角色、用户分类，支持不同角色、用户对标识访问的权限设置；

（3）支持设置标识属性的读写权限，如公共可读、公共可写、管理员可读、管理员可写；

（4）支持设置标识和标识属性的分级访问权限，不同的用户查看的标识属性不同；

（5）不允许存在拥有全部权限的超级管理员。

4.2.5.3 安全传输

二级节点在与国家顶级节点、递归节点、企业节点对接时支持数字证书，数据传输支持安全通道，二级节点与国家顶级节点对接的安全传输具体要求见工业互联网产业联盟标准《工业互联网标识解析 国家顶级节点与二级节点对接技术要求》。

二级节点与递归节点对接的安全传输支持消息凭据，保证消息内容不被篡改和来源服务器的不可否认性。

二级节点与企业节点对接的数据传输支持安全通道，保证企业节点可信和数据不被篡改。

4.2.6 部署要求

二级节点部署方式应支持二级节点自建部署和托管部署，网络带宽应满足业务需求，并支持弹性扩展。

自建部署是指由二级运营企业自行建立，实现标识注册、标识解析、标识查询、业务管理、数据管理和运行监测功能。

托管部署是指二级节点全面托管在国家顶级节点上运行，同时支持企业节点托管到国家顶级节点。

4.2.7 运营规范

二级节点具备与标识运营管理相匹配的技术能力和其他所需条件，可以保证持续投入，并保障解析服务的安全稳定运行，与行业主管部门和国家顶级节点保持常态化联系。二级节点至少应满足以下要求。

（1）建立运行维护机制，保障二级节点的安全运行；

（2）建立专业运维团队，提供 7×24 小时运维服务；

（3）建立运维管理规范，保障服务的可用性和准确性；

（4）建立信息安全管理、系统变更等方面的管理制度，按时进行安全及业务审计；

（5）建立应急管理机制，及时处理突发事件；

（6）建立和国家顶级节点的协同应急处置机制，有效应对突发事件并保障应急情况下的服务提供；

（7）建立业务与运营月报制度，及时向国家顶级节点运行机构同步相关情况。

4.2.8 节点对接

二级节点作为承上启下的关键节点，负责对接各级节点，推动整个体系正常运转。

4.2.8.1 对接国家顶级节点

对接要求包括对接申请、数据同步、运行监测和应急接管，技术要求参见工业互联网产业联盟标准《工业互联网标识解析 国家顶级节点与二级节点对接技术要求》。

4.2.8.2 对接递归节点

二级节点应支持递归解析请求并快速响应，返回企业节点信息。

二级节点与递归节点通信应至少支持工业互联网标识编码体系集合包含的常见标识体系对应的解析协议中的一种。

4.2.8.3 对接企业节点

二级节点应支持企业对接申请、数据同步、运行监测和应急接管，技术要求参见工业互联网产业联盟标准《工业互联网标识解析 国家顶级节点与二级节点对接技术要求》。

4.2.9 性能指标

二级节点整体可用性应达到 99.99%，其标识解析服务处理能力应达到最大负载节点请求峰值的 3 倍及以上。标识注册、查询、解析请求的响应时间应较短。核心性能指标分为以下三类操作。

（1）标识注册 RTT（网络中端到端的往返时延，Round-Trip Time，RTT）是客户端注册标识到服务器的响应时间；

（2）标识查询 RTT 是客户端查询标识到服务器的响应时间；

（3）标识解析 RTT 是递归节点或客户端请求二级节点解析结果的响应时间。

二级节点核心性能指标要求如表 4.3 所示。

表 4.3 二级节点核心性能指标要求

性能指标	参数	SLR（Service Level Requirements）
标识注册	服务可用性	≥99.99%
	创建标识 RTT	≤1500 毫秒（对于至少 95% 的请求）
	修改标识 RTT	≤1500 毫秒（对于至少 95% 的请求）
	创建标识吞吐量	≥5000 次/秒
标识查询	服务可用性	≥99.99%
	标识查询 RTT	≤1500 毫秒（对于至少 95% 的请求）
标识解析	服务可用性	≥99.99%
	UDP 标识解析 RTT	≤500 毫秒（对于至少 95% 的请求）
	TCP 标识解析 RTT	≤1500 毫秒（对于至少 95% 的请求）
	标识解析吞吐量	≥10000 次/秒
	标识解析数据更新时间	≤30 分钟（对于至少 95% 的请求）

二级节点的注册和解析服务应支持负载均衡，可自行按照实际需求进行服务器增减和负载均衡配置。

4.3　企业节点

企业是工业数据的生产者和主要消费者，也是标识数据的源头与归宿。企业节点是标识解析体系的基础单元，是标识解析体系中数量最庞大的节点类型。

企业节点根据企业自身特点，选择支持工业互联网标识编码体系集合包含的一个或多个标识体系，制定兼顾自身需求的编码规则，因为标识编码中的企业编码工作是在企业节点中完成的。

企业节点是标识解析体系的末级节点，是标识业务数据的存储区，其中的数据安全尤其重要。企业节点数据可以托管到二级节点，也可以自建数据灾备机制。

企业节点的基本功能架构如图 4.3 所示。各企业应根据自身情况和需求，选择合适的企业节点功能架构和技术架构。

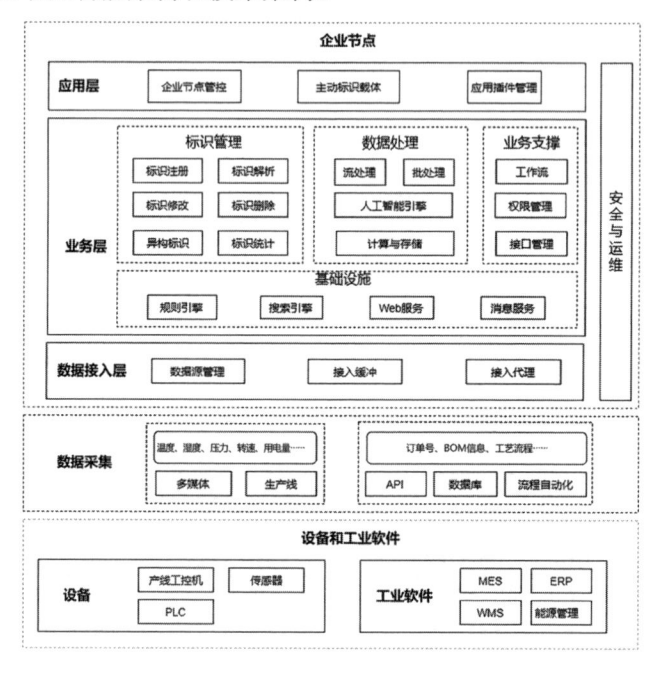

图 4.3　企业节点的基本功能架构

企业节点可以分为应用层、业务层、数据接入层，与之密切相关的是标识数据采集和标识数据来源。设备和工业软件是标识数据的主要来源，数据采集专注于从企业设备、工业软件等数据源中采集标识数据。数据接入层是数据采集模块和业务层的桥接器，负责把数据采集模块采集到的数据初步归类整理。业务层是企业节点的核心功能层，负责采集到的数据的格式转换、业务对象规定数据的提取、业务对象编码和信息（标识）注册（向二级节点注册标识）、响应标识解析请求、标识维护操作，提供基本的业务系统支撑功能，如工作流、权限、接口等管理。应用层面向整个企业节点层面的管理和标识数据应用管理。安全与运维模块负责企业节点的安全稳定运行。

4.4 递归节点

递归（Recursion）的基本思想是把规模大的问题转换为规模小的相似子问题来解决。标识解析体系中递归节点解析标识编码的思路是首先把一个长编码分解为多个短编码，然后按顺序解析每个编码片段，最后得到整个编码所表达的具体信息。类似在地图上逐级查询中国、北京市、海淀区、中关村大街100号，得到此地址代表的具体的单位名称和其他信息。

递归节点是实现公共查询和访问的入口，是标识解析体系对外接口的提供者，是工业App等其他应用的服务提供者。递归节点通过缓存技术手段提升整体服务性能。如果缓存中没有待查数据，则会通过标识解析服务器返回的应答路径查询，把标识分段（分层）并进行递归查询直至查询到标识所关联的地址或者信息，将其返回给客户端，并将请求结果按照资源记录TTL设置进行缓存。递归查询顺序是国家顶级节点、二级节点、企业节点。

递归节点在标识解析体系正常运行和维护中起着至关重要的作用，其架构如图4.4所示。

```
┌─────────────┐  ┌─────────┐  ┌─────────┐
│ 国家顶级节点 │  │ 二级节点 │  │ 企业节点 │
└──────┬──────┘  └────┬────┘  └────┬────┘
       ↕              ↕             ↕
┌──────────────────────────────────────┐
│              递归节点                 │
│   ┌────────┐          ┌──────────┐   │
│   │ 解析器 │ ←──────→ │ 缓存数据库│   │
│   └────────┘          └──────────┘   │
└──────────────────────────────────────┘
```

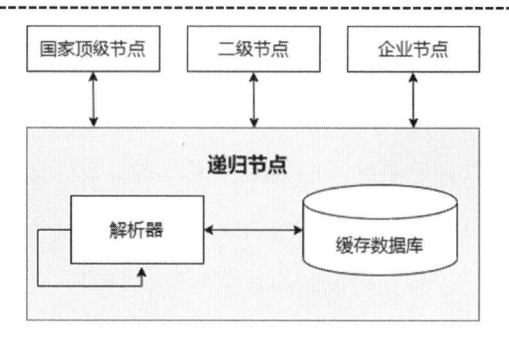

图 4.4　递归节点架构

递归节点的关键技术和安全防护重点是缓存技术应用。因为标识编码和标识解析结果之间的映射不是永久的，所以递归服务器将在经过 TTL 指定的时间后丢弃缓存的信息，这被称为缓存数据刷新机制。递归节点的安全威胁主要包括缓存污染和递归重定向。

递归节点的关键特性在于高可用性，特别是缓存数据库的高可用性。

综上所述，国家顶级节点、二级节点、企业节点、递归节点这四类节点各司其职、各有特长，其中企业节点部署数量最庞大，个性化要求最多，因此在应用层的考虑更多，而其他几类节点更强调高可用性，因此在非功能方面的要求更高一些。

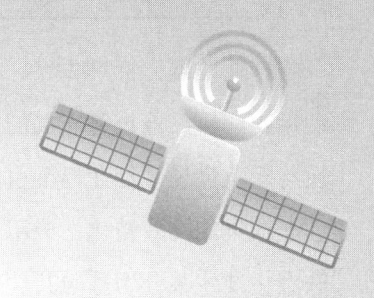

第五章　标识解析体系的标准体系

行业发展，标准先行。标准体系建设是工业互联网发展的重要任务，也是推动标识解析产业统筹布局的重要支撑。其中，共性标准加快标识解析基础设施建设与规范管理，行业标准引导二级节点建设和规模化应用，新技术标准推动科技创新成果的高效转化，应用标准提升标识解析对工业互联网的支撑能力。工业互联网标准体系分为基础共性、网络、边缘计算、平台、安全、应用六大类[19]，其结构如图 5.1 所示。

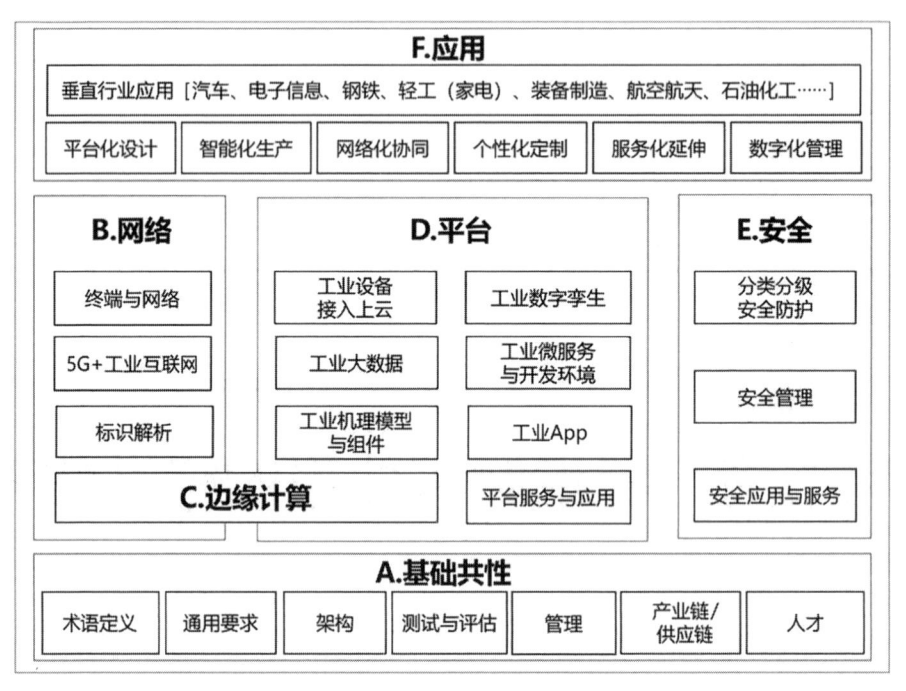

```
┌─────────────────────────────────────────────────────────────┐
│                         F.应用                              │
│  垂直行业应用 [汽车、电子信息、钢铁、轻工（家电）、装备制造、│
│                 航空航天、石油化工……]                        │
│  平台化设计 │ 智能化生产 │ 网络化协同 │ 个性化定制 │        │
│                         服务化延伸 │ 数字化管理              │
├──────────────┬──────────────────────────┬───────────────────┤
│   B.网络     │         D.平台           │     E.安全        │
│              │                          │                   │
│  终端与网络  │  工业设备    │ 工业数字孪生│  分类分级         │
│              │  接入上云    │           │  安全防护         │
│              │              │           │                   │
│ 5G+工业互联网│  工业大数据  │ 工业微服务 │                   │
│              │              │ 与开发环境 │   安全管理        │
│              │              │           │                   │
│  标识解析    │  工业机理模型│  工业App  │                   │
│              │  与组件      │           │   安全应用与服务  │
│              │              │           │                   │
│   C.边缘计算 │          平台服务与应用   │                   │
├──────────────┴──────────────────────────┴───────────────────┤
│                       A.基础共性                             │
│  术语定义 │ 通用要求 │ 架构 │ 测试与评估 │ 管理 │           │
│                    产业链/供应链 │ 人才                      │
└─────────────────────────────────────────────────────────────┘
```

图 5.1　工业互联网标准体系结构

来源：工业互联网产业联盟，《工业互联网标准体系（版本 3.0）》。

对标识解析体系的标准体系来说，要重点制定满足各行业实际需求的工业互联网标识编码规范、标识解析二级节点和企业节点接口规范，以及标识数据模型等标准规范，形成统一的接口规范，满足数据格式等技术要求，从而实现数据互联互通、信息共享。

随着工业领域应用标识解析体系的广度和深度不断拓展，在行业编码规则、新型解析架构、节点管理、数据互认、系统互通、安全保障等方面需要进一步加

第五章　标识解析体系的标准体系

强标准化工作，支撑统一管理、高效运行、安全可靠、互联互通的标识解析基础设施及产业生态发展[19]。

工业互联网标识解析标准体系涵盖了基础共性、网络、平台、安全等分类中的关键技术要求规范，以及垂直行业的应用标准，其框架如图 5.2 所示。

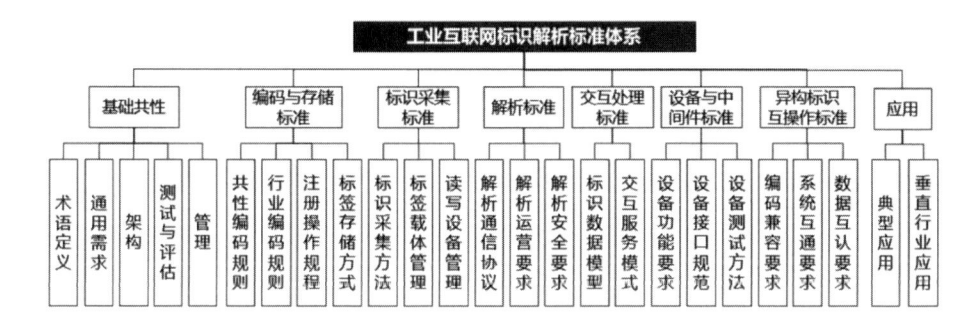

图 5.2　工业互联网标识解析标准体系框架

来源：工业互联网产业联盟，《工业互联网标识解析标准体系（2022 版）》。

5.1　整体架构标准

为解决工业系统元素互联的问题，建立物理实体间的通信，实现上层数据的端到端流动，为深层次的应用提供数据资源，需要从工业元素的信息采集、网络服务、信息共享、安全保障、应用等多个层面进行描述，建立业务、功能、实施、安全等多角度的视图，明确各参与方的角色定位、业务流程、服务能力、系统性能、安全保障能力等。

全球已存在多种标识解析架构，如 DID、OID、DOA 等。在顶层设计方面，多种标识解析架构之间兼容性不足，会影响数据的互联互通，应制定相关标准，推进多体系的融合发展，提高架构的可扩展性。

在数据管控方面，标识数据归属于不同主体，各个主体对工业数据的管理权限和分享策略不同，需要建立灵活、适应性强、跨主体、跨行业的数据权限管理机制。

在架构安全方面，标识解析体系涉及制造业数据在内的众多敏感数据，需进一步增强隐私保护、身份认证、抗攻击等能力。

工业互联网标识解析标准体系的整体架构标准主要包括术语定义标准、通用需求标准、架构标准、测试与评估标准、管理标准等。

1）术语定义标准

术语定义标准主要规范标识解析的相关概念，为其他各部分标准的制定提供文字和语义支撑。

2）通用需求标准

通用需求标准主要规范标识解析的通用能力需求，包括业务、功能、性能、安全、可靠性和管理等方面的需求标准。

3）架构标准

架构标准包括标识解析体系架构标准，以明确和界定标识解析的各类对象、边界、各部分的层级关系与内在联系。

4）测试与评估标准

测试与评估标准主要规范标识解析技术、设备产品和系统的测试要求，以及标识解析应用领域、应用企业和应用项目的成熟度要求，包括测试方法、测试环境、评估指标、评估方法等。

5）管理标准

管理标准主要规范标识解析体系建设与运行相关责任主体，以及关键要素的管理要求，包括标识解析体系建设、运行、管理、服务等方面的标准。

已发布的部分整体架构标准如表 5.1 所示。

表 5.1　整体架构标准（部分）

序号	标准名称	标准号/计划号
1	智能制造 标识解析系统要求	GB/T 44121—2024
2	工业互联网标识解析 体系架构	2018-1377T-YD

5.2 编码与存储标准

标识编码是用于唯一识别机器、产品等物理资源和算法、工序等虚拟资源的身份符号。标识载体是用于承载标识编码的标签或存储装置。标识编码分为公有标识和私有标识。公有标识适用于开环应用，主流公有标识包括 GS1、Handle、OID、Ecode、DID、VAA、MA 等。私有标识适用于闭环应用，如追溯码、防伪码、营销码、企业内部标识等。标识载体以一维条码、二维码、RFID 和 NFC 应用为主，还有通用集成电路卡、通信模组、安全芯片等主动标识载体。

多标识编码体系之间的兼容性不足，难以实现信息的互联与共享，并且尚不能覆盖制造业各领域，需要制定兼容多体系、适用于工业制造的编码方案，实现标识对象在工业互联网全局的唯一寻址，以及不同标识之间的数据映射。

同时，随着工业数字化转型不断加深，在确保成本的前提下，可以考虑部署更多具备联网通信能力的主动标识载体，实现数据的自动采集、设备的智能管理，规范工业互联网标识在主动标识载体中的接口协议、存储结构和对接方式，进一步梳理和明确其工业应用场景，拓宽其在行业和公共领域内的应用。

编码与存储标准规范了工业互联网的编码方案，主要包括编码规则、注册操作规程、节点管理等标准，以及标识编码在一维条码、二维码、RFID、主动标识载体等载体上的存储标准。

1）共性编码

共性编码规范通用型、指导性的编码规则，包括编码原则、编码组成部分、编码结构和数据定义。

2）行业编码

行业编码规范能源、装备、航天、航空、船舶、服装、食品、药品、运输等行业的编码规则，包括编码原则、编码组成部分、编码结构和数据定义。

3）注册操作规程

注册操作规程规范标识注册管理架构、注册流程、注册协议、接口要求等。

4）标签存储方式

标签存储方式规范一维条码、二维码、RFID 等被动标识载体和通用集成电路卡、通信模组、安全芯片等主动标识载体的数据存储结构、标签接口协议等。

已发布的部分编码与存储标准如表 5.2 所示。

表 5.2 编码与存储标准（部分）

序号	标准名称	标准号/计划号
1	工业互联网标识解析 石油 标识编码规范	2020-0033T-YD
2	工业互联网标识解析 装备 标识编码规范	2020-0034T-YD
3	工业互联网标识解析 航天 标识编码规范	2020-0035T-YD
4	工业互联网标识解析 航空 标识编码规范	2020-0036T-YD
5	工业互联网标识解析 船舶 标识编码规范	2020-0037T-YD

5.3 标识采集标准

标识采集与处理是指基于采集设备感知和获取对象标识及其相关信息的过程，应具备协议转换、数据过滤清洗、数据关联、语义匹配等能力。

基于一维条码、二维码、电子标签等标识载体的自动识别和采集技术已具备完善的技术体系，通用产品已形成规模化的生产与应用，其他被动采集设备的采集标准如传感器网络、无接触识别卡和读写器等也已基本完备，需完善主动标识载体的采集类标准，同时结合应用需求，建立多应用场景下的采集类标准。对于处理类标准，如数据过滤、语义匹配等，需要根据企业的具体采集与处理需求推进相关标准的研制。

标识采集标准主要规范工业互联网标识数据的采集方法，包括各类涉及标识数据采集实体间的通信协议，以及接口要求等标准。

1）标识采集方法

标识采集方法主要规范标识数据采集格式、采集内容、采集数据质量要求、采集接口等。

2）标签载体管理

标签载体管理主要规范多种标识载体的承载容量、性能要求、环境适应性、可靠性、测试方法等。

3）读写设备管理

读写设备管理主要规范一维条码、二维码、主动标识载体等载体的采集设备技术与管理要求，针对采集数据的数据过滤、语义匹配等处理方法。

已发布的部分标识采集标准如表 5.3 所示。

表 5.3　标识采集标准（部分）

序号	标准名称	标准号/计划号
1	工业互联网标识解析　标识数据信息服务技术要求	2020-0030T-YD
2	工业互联网标识解析　标识数据发现服务技术要求	2020-0029T-YD
3	工业互联网标识解析　标识数据采集方法	2020-0027T-YD

5.4　解析标准

标识解析是指根据标识编码查询目标对象网络位置或相关信息的过程，解析技术体系包括分层模型、通信协议、数据格式、安全机制。

面向实体对象的标识解析服务主要依赖 DNS 式的分布式网络架构。工业互联网标识解析与无线通信技术、人工智能、区块链等新技术的融合，构建了满足复杂工业场景下"人、机、物"全面互联、平等共治、自主可控的融合型解析架构，并制定了相应的通信协议、安全认证等技术规范。

解析标准主要规范工业互联网标识解析的分层模型、实现流程、数据报文格式和通信协议等要求。

1）解析通信协议

解析通信协议主要规范注册、解析、认证等环节的通信协议、接口定义、服务规程等，以及相关系统的功能、性能、运行、维护、管理、安全等要求。

2）节点运营要求

节点运营要求主要规范解析节点的运行管理规范和技术要求，如监控要求、网络环境要求、负载要求、故障维护要求、日志管理要求、服务环境要求等。

3）解析安全要求

解析安全要求主要包括解析系统技术、建设、运营等方面的安全要求，如解析系统安全防护要求、安全认证技术要求、运营风险管理要求、解析数据防篡改/防泄露要求、可信解析要求、解析安全审计要求等。

已发布的部分解析标准如表 5.4 所示。

表 5.4　解析标准（部分）

序号	标准名称	标准号/计划号
1	工业互联网标识解析　可信解析	2018-2331T-YD
2	工业互联网标识解析　权威解析协议与技术要求	2019-1016T-YD
3	工业互联网标识解析　标识注册信息查询规范	2019-1014T-YD

5.5　交互处理标准

数据交互是指通过对标识数据进行过滤、去重、映射，以及对标识服务数据进行建模和语义处理，解决标识对象由于行业不同、垂直领域的用途不同而造成的数据性质各异和表达形式不同的问题，从而实现异构数据的处理、关联、整合和描述，推进跨企业、跨行业、跨地区和跨国家的标识数据共享服务。

国际上的数据交互涵盖细分领域数据字典的制定，以 IEC、IEEE 为主导，从工业生产面临的具体问题出发，涉及电子电器、机械等工业数据字典的参数和数据库指标、开放系统互联互通等标准，标准对于实现的接口细节一般不做详细规定，具有分层、异构、碎片化等特征。

在工业互联网中，由于工业应用场景复杂多变，因此更加强调上下游企业、关联企业数据的共享与交互，与传统互联网相比，工业互联网增加了标识数据交互的难度。

首先，智能设备、工业软件、信息化系统的网络协议和操作系统不一致，需制定面向应用的通用性互操作协议。通用化是一种方案，也是基础。

其次，制造业的不同行业和垂直领域内的数据具有不同性质、不同类型、不同表达形式，且数据标准不一致，导致工业数据难以实现信息共享与交互，需构建标识数据模型，建立面向工业对象的统一元数据规范。模型化是达成共识的有效途径。

交互处理标准主要规范设备对标识数据的过滤、去重等处理方法，以及标识服务所涉及的标识间映射记录数据格式和产品信息元数据格式等要求。

1）标识数据模型

标识数据模型主要包括标识数据管理、数据建模、数据字典、数据语义化描述等，用于建立标识解析体系下数据的统一处理、关联、整合和描述。

2）交互服务模式

交互服务模式主要包括标识数据同步、数据服务、交互接口、数据安全和隐私要求等，用于规范标识解析体系各级节点间、各参与方间的信息传递与交互机制。

已发布的部分交互处理标准如表 5.5 所示。

表 5.5 交互处理标准（部分）

序号	标准名称	标准号/计划号
1	工业互联网标识解析 核心元数据	YD/T 4496—2023
2	工业互联网标识解析 标识数据参考模型	2020-0028T-YD
3	工业互联网标识解析 数据语义化规范	2019-1018T-YD
4	工业互联网标识解析 基于 Handle 的企业信息服务系统技术要求	2018-1689T-YD
5	工业互联网标识解析 信息协同共享技术要求	2018-1690T-YD
6	工业互联网标识解析 标识数据同步	2019-1012T-YD
7	工业互联网标识解析 数据管理架构与技术要求	2019-1017T-YD
8	工业互联网标识解析 标识数据安全和隐私要求	2020-0031T-YD

5.6 设备与中间件标准

设备与中间件是指提供系统软件和应用软件之间数据传输、过滤、转换等功能的标识解析服务设备或服务，它可以有效解决数据交互、多源异构标识互通的问题，实现多系统部件之间的互通和资源共享。

设备与中间件标准主要针对信息网络领域，包括信息技术消息中间件、数据采集与集成中间件、访问控制中间件、传感网络中间件等领域。其中，功能与相关协议类的标准主要集中在 DNS 域名服务器、IPv6 域名服务器、域名系统递归服务器等领域。

随着标识应用逐步延伸至生产制造的各环节，设备与工业软件、工业软件之间、软件与应用之间的数据交换需求愈加迫切，需要持续推动设备与中间件功能、协议、接口、安全方面的标准研制和升级，促进工业互联网各软硬件间的数据互通与资源共享。

设备与中间件标准主要规范工业互联网标识解析服务设备所涉及的功能、接口、协议、同步等要求。

1）设备功能要求

设备功能要求包括标识解析服务设备、中间件设备的架构、接入服务、数据管理、应用支撑等技术要求。

2）中间件接口规范

中间件接口规范包括连接 MES、ERP 等企业系统的中间件接口功能、接口服务描述等。

已发布的部分设备与中间件标准如表 5.6 所示。

表 5.6　设备与中间件标准（部分）

序号	标准名称	标准号/计划号
1	工业互联网标识解析　权威解析服务器技术要求	2020-0023T-YD
2	工业互联网标识解析　代理解析服务器技术要求	2020-0024T-YD
3	工业互联网标识解析　注册服务器技术要求	2020-0025T-YD
4	工业互联网标识解析　标识数据采集网关技术要求	2020-0026T-YD

5.7　异构标识互操作标准

异构标识互操作是实现不同标识体系编码兼容和体系互联互通的关键，通过在标识体系间建立数据互认、数据映射与交互协议等，解决标识体系之间由于数据定义、数据结构等差异而造成的体系不互通、不兼容问题。已有的异构标识互操作标准以编码兼容为主，但常见标识解析体系的编码规则差异较大，且应当按照场景和业务需求来设计合理的唯一标识编码。因此，提高多标识体系间的互操作能力需从解析服务入手，建立将标识映射到标识、标识映射到地址、标识映射到数据的综合性解析服务，形成异构兼容的标识解析节点服务网络，促进多标识体系的互联互通。

异构标识互操作标准主要规范不同标识解析服务之间的互操作，包括实现方式、交互协议、数据互认等标准。

1）编码兼容要求

编码兼容要求包括多编码规则的录入方法，如 OID、Handle 等编码方式的转化规则、新型标识编码与传统标识的映射转化方式等。

2）系统互通要求

系统互通要求包括 Handle 与 DNS 等系统的解析互操作流程、互操作场景、互操作接口方式等。

3）数据互认要求

数据互认要求包括异构标识下编码的识别要求、识别规则等。

已发布的部分异构标识互操作标准如表 5.7 所示。

表 5.7 异构标识互操作标准（部分）

序号	标准名称	标准号/计划号
1	工业互联网标识解析 基于 Ecode 的异构互操作	2018-1399T-YD
2	工业互联网标识解析 基于 Handle 的异构互操作	2018-1400T-YD
3	工业互联网标识解析 基于 OID 的异构互操作	2018-1401T-YD

5.8 应用标准

工业互联网应用模式主要可以归纳为智能化生产、个性化定制、网络化协同、服务化延伸等四类业务场景，标识解析标准化在这四类场景中均可发挥重要支撑作用。

1）智能化生产

智能化生产是指从单个机器到产线、车间乃至整个工厂的智能决策和动态优化，显著提升全流程生产效率，提高质量，降低成本。

从标准化角度来看，在设备、配件、车间等各环节中制定数据标准，按照统一的规范，实现现场数据的采集和集成，并开展大数据分析优化，将生产要素的各环节通过统一的标识、数据规范进行串联，实现智能化生产与管理。

2）个性化定制

个性化定制是指基于互联网获取用户个性化需求，通过组织设计、制造资源和生产流程，实现低成本大规模定制。

从标准化角度来看，依托物料编码标准、平台接口标准、数据信息标准，将用户需求直接转化为生产排单，开展以用户为中心的个性化定制与按需生产，有效满足市场多样化需求，解决制造业长期存在的库存和产能问题，实现产销动态平衡。

3）网络化协同

网络化协同是指形成众包众创、协同设计、协同制造、垂直电商等一系列新模式，大幅度降低新产品的开发制造成本、缩短产品的上市周期。

借助标识解析标准化，建立协同过程中的数据规范、协议标准，加速从单打独斗向产业协同转变，促进产业整体竞争力提升，有效促进集团生产能力优化配置与生产效率的显著提升。

4）服务化延伸

服务化延伸是指通过对产品运行的实时监测，提供远程维护、故障预测、性能优化等一系列服务，并提供反馈以优化产品设计，实现企业服务化转型。

应用标准包括典型应用标准和垂直行业应用标准等。

典型应用标准包括面向工业企业生产制造环节的智能化生产标准，面向个性化、差异化客户需求的个性化定制标准，主要面向协同设计、协同制造、供应链协同等场景的网络化协同标准,以及面向产品远程运维、大数据的增值服务等典型场景的服务化转型标准等。

垂直行业应用标准依据整体架构、编码存储、数据交互等标准和典型应用标准,面向重点行业领域的标识解析应用,开发行业应用导则、特定技术标准和管理规范,优先在重点行业领域实现突破,逐步覆盖制造业全应用领域。

5.9 标准制定组织架构

在国际标准层面,企事业单位可依托国家标准委下属委员会及标准化行业协会,参与国际电信联盟(International Telecommunication Union,ITU)、国际标准化组织(International Organization for Standardization,ISO)、国际电工委员会(International Electrotechnical Commission,IEC)等标准化组织的国际标准研制。

在国家标准层面,工业互联网标识解析的通信网络、系统和设备的性能要求、协议与测试方法等关键技术主要集中在通信网络领域,建议依托全国通信标准化技术委员会(TC485)开展工业互联网标识解析相关标准的制定工作,并由该标准化委员会统筹规划,汇集标识解析标准化需求,开展标识解析基础共性、核心技术、应用服务、安全等标准研制工作。

在行业标准层面,2017年9月,中国通信标准化协会(CCSA)成立工业互联网特设工作组(ST8),ST8下设标识解析工作组(WG3),专门负责标识解析体系的组网架构与分层模型标准、编码与存储标准、采集与处理标准、解析标准、数据与交互标准、设备与中间件标准、异构标识互操作标准等。

在联盟标准层面,工业互联网产业联盟下设标识工作组,聚焦标识解析的技术研究、生态建设和标准研制等工作;下设技术与标准工作组,面向工业互联网整体标准化需求开展标准化研制。

标识解析已应用于能源、船舶、医疗、食品等多个行业,在与制造业和信息通信等多领域技术的融合集成中显现了巨大的生命力与创造力,为进一步创造新的工业互联网发展动能奠定了基础。标识解析技术和应用的快速发展使标准化工作面临更新、更高的要求，只有建立健全的工业互联网标识解析标准体系，着力补齐标识解析发展中的标准化短板，加强跨行业、跨领域的标准化统筹协调，才能让更多的企业参与到标识解析产业中，让标识解析提供更优质的服务，创造更大的价值。

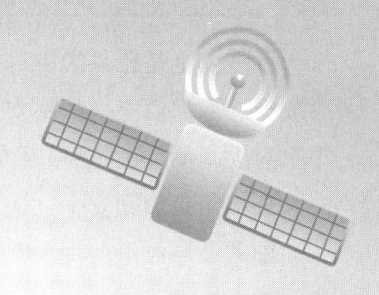

第六章　标识解析体系安全

系统安全是在系统中对各类操作进行安全控制的技术，可分为设备安全、软件安全、数据安全、网络安全等类型，包括安全风险管理、安全防护与处理等环节和容灾、容错等措施。可信是系统安全的基础之一，是系统安全机制的一部分，其主要作用是加固安全、认证安全。

随着数字经济的深入发展，数据要素的支撑作用变得愈发重要。在工业领域中，工业数据正逐渐从制造过程中的副产品转变为为企业和供应链环节带来新价值的战略资源，成为提升制造业生产力、竞争力、创新力的关键要素，有力推动制造业在更大范围、更深层次内实现更有效率、更加精准的资源配置。然而，在极大促进全社会要素资源的网络化共享、集约化整合、协作化开发、高效化利用的同时，工业数据也面临着流通不畅、信息泄露、过度利用等风险[20]。在系统和应用中加入可信技术能够减少因使用未知或被篡改的系统而遭到攻击的可能性。

6.1 安全风险

随着互联网技术进入企业、工厂的各个作业环节，企业系统被攻击的可能性迅速加大。企业系统被攻击将对企业的生产经营造成重大影响，图 6.1 展示了企业网络终端被攻击的一个案例。

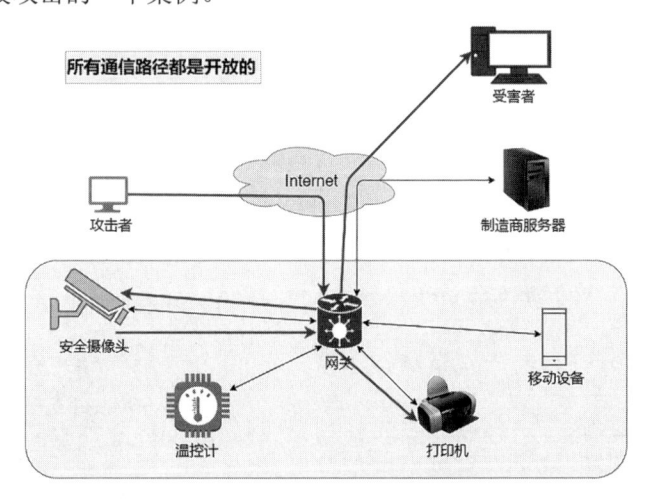

图 6.1　企业网络终端被攻击的一个案例

来源：工业互联网产业联盟，《工业互联网园区终端接入自动化技术白皮书（2021 年）》。

从图 6.1 中可以看到，企业网络中存在安全摄像头、温控计、打印机和移动设备，所有的通信路径都是开放的，互联网上的攻击者可能会对它们进行端口扫描（或者劫持）。例如，当本地网络中的安全摄像头被黑客攻击后，黑客会利用该摄像头对本地和远程目标发起额外的攻击，以造成更大的事故。因此，现代化的企业生产网对所有接入的工业生产设备来说，都必须实现接入控制，进行接入认证和访问授权[6]。

标识解析体系架构是一个树形分层型架构，它在物理上、操作上和管理上的种种漏洞均会造成架构的脆弱性。由于攻击者往往使用"最易渗透原则"，在系统中最薄弱的地方进行攻击，因此必须充分、全面、完整地对标识解析体系的安全特性进行多维度、多层次、横纵交叉的分析，从而建立统一的标识解析安全风险体系。

了解漏洞和威胁是管理风险的第一步。

6.1.1　漏洞和威胁

漏洞（Vulnerability）是指可以被攻击成功的系统安全缺陷，通常是指一个或多个攻击者可以利用的已知资产（资源）弱点。换句话说，它是一种使攻击能够成功实现的已知问题。例如，在团队成员辞职后未及时取消其外部账户的接入权限时，会使企业业务暴露在威胁中，这属于权限管理漏洞。

漏洞测试是指识别漏洞并在现有基础上由各方负责解决这种漏洞，这有助于提供数据以识别需要解决的安全隐患。

漏洞测试可识别弱点，并快速制定应对战略，有助于保障持续的安全，以及资源的安全负责人在新的危险产生时做出有效响应。提早选择合适的技术可以确保节省大量的时间、金钱，进一步降低其他经营成本。

以下问题有助于确定安全漏洞。

（1）数据是否备份并存储在安全的场外地点？

（2）数据是否存储在云端？如果是，这些数据如何防范云端漏洞？

（3）哪种网络安全需要确定组织内谁有访问、修改或删除信息的权限？

（4）使用哪种防病毒保护措施？许可证是否是最新的？是否根据需要的频率运行？

（5）在遭受漏洞攻击时是否有数据恢复计划？

威胁（Threat）是指特定类型攻击的来源和手段，通常指新型或新发现的事故，这类事故有可能危害系统或整个组织。例如，恶意软件（如勒索软件、僵尸网络软件、间谍软件、木马、病毒和蠕虫等）、分布式拒绝服务（DDoS）攻击、网络钓鱼、高级持续威胁（Advanced Persistent Threat，APT）、中间人攻击、企业组织机构内部威胁等。

威胁评估是一种关键的安全管理活动，它可以识别和分析可能对组织或系统造成损害的各种威胁。威胁分析有助于制定具体的安全策略，用户可以根据策略优先级进行实施，并了解要确保安全的资源的具体实施需求。

以下列举了几种常见的威胁。

1）应用安全威胁

标识解析体系的最终客户端和企业数据来源端都连接着海量终端，承载了多种行业的应用，攻击者可以利用各种系统漏洞对解析系统进行攻击，包括分布式拒绝服务攻击、越权访问、软件漏洞、权限滥用、身份假冒等。

2）能力开放安全威胁

各类解析节点公开提供了一系列的 API（如解析一个标识），允许用户访问与解析节点相关的数据和功能。这些 API 在为应用的开发和部署带来便利的同时，也成为攻击者的攻击目标。如果缺少有效的认证和鉴权手段，或者 API 的安全性没有得到充分的测试和验证，那么攻击者将有可能通过仿冒接入、漏洞攻击、侧信道攻击（Side Channel Attack，SCA）等手段，达到非法调用 API、非法访问或篡改用户数据等恶意攻击的目的。

3）管理安全威胁

管理安全威胁主要包括恶意内部人员非法访问、使用弱口令等。

4）递归服务器安全威胁

递归服务器安全威胁主要包括缓存污染和递归重定向。

（1）缓存污染。递归服务器应支持以快速和安全的方式将缓存数据更新，同时应验证服务器的合法性和缓存的有效性，否则将导致缓存不一致和缓存数据（特别是敏感数据）未及时更新，从而产生风险。攻击者可以利用这个弱点将无效信息传播到递归服务器中或通过缓存的方式发起缓存污染攻击。

（2）递归重定向。在递归服务器与权威服务器的交互过程中，攻击者发送伪造的响应包给递归服务器，抢先在权威服务器前应答，从而导致递归服务器缓存错误结果并将该结果发送给用户，使得用户的访问被导向至攻击者的网站。

6.1.2 风险

风险（Risk）是指在利用漏洞发出威胁时面临损失或被破坏的可能性。风险包括由于业务中断、失去隐私、声誉损害、法律问题而造成的财务损失。

风险 = 威胁 × 漏洞。

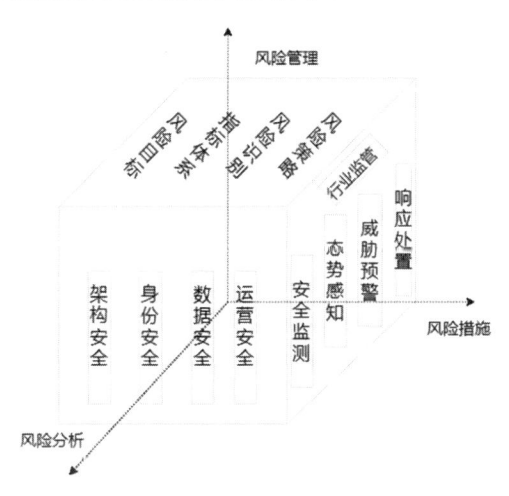

6.1.3 安全风险分析模型

安全风险分析模型总体架构如图 6.2 所示。

图 6.2 安全风险分析模型总体架构

来源：工业互联网产业联盟，《工业互联网标识解析——安全风险分析模型研究报告》。

风险分析视角包括架构安全、身份安全、数据安全和运营安全四个风险分析重点[21]。

风险管理视角包括风险目标、指标体系、风险识别和风险策略四个环节。

风险措施视角包括行业监管、安全监测、态势感知、威胁预警和响应处置五部分。

6.1.3.1 风险分析视角

1）架构安全风险分析

架构安全风险分析主要包括解析节点可用性风险、解析节点间协同性风险、关键节点关联性风险等。

（1）解析节点可用性风险。

所有类型的解析节点在可用性方面都面临风险。如果节点受到攻击，那么该节点的可用性会受到威胁，导致节点功能失效或不可达，如遭到DDoS攻击。

（2）解析节点间协同性风险。

由于标识解析体系的分布式特点，因此如果在解析过程中，节点间协同性出现问题，那么会造成在同步数据或者复制内容的过程中出现延迟现象，导致数据不一致或者数据完整性出现问题。例如，代理服务器延迟、镜像服务器延迟等。

（3）关键节点关联性风险。

如果标识解析体系架构中某些关键节点出现问题，那么将会影响其他节点的功能，最终削弱其稳定性或者健壮性。关键节点关联性风险主要表现为缓存击穿、缓存穿透、反射/放大攻击等。

2）身份安全风险分析

身份安全风险分析涉及人、机和物等三种角色的身份欺骗、越权访问、权限紊乱、设备漏洞等。

身份安全是工业互联网标识解析的门户，所有用户在使用系统时都要进行身份认证和鉴权，不同角色拥有不同级别和不同种类的权限，标识解析体系中的各种风险点都可能使权限或信任受到损害。

3）数据安全风险分析

数据安全风险分析涉及标识注册数据、标识解析数据和日志数据的数据窃取、数据篡改、隐私数据泄露、数据丢失等。

工业互联网标识解析涉及标识注册数据、标识解析数据和日志数据三类数据的安全风险分析。在网络安全中，数据安全的能力包括数据的完整性、机密性和可用性三个维度。根据 GB/T 37988—2019《信息安全技术 数据安全能力成熟度模型》，标识解析数据安全涉及数据采集、数据传输、数据存储、数据使用、数据交换和数据销毁等环节。基于以上数据安全维度，标识解析数据安全风险包括数据窃取（数据采集、数据传输、数据交换和数据存储环节）、数据篡改、隐私数据泄露和数据丢失四类。

企业节点可收集、存储与其连接的设备数据，包括企业数据、应用数据、用户数据等。企业节点数据面临的安全风险包括数据损毁风险、数据泄露风险。数据损毁风险形成的原因包括设备毁坏、设备遭受攻击、重要数据未备份、不具备数据恢复机制等。数据泄露风险形成的原因包括未实施敏感隐私数据分级、分类管理，未部署敏感数据加密、脱敏手段，开展不合规的数据开放共享等。

数据保护以任何方式将与生产相关的设备连接到互联网都有可能在生产系统中引入安全漏洞，如何安全采集并存储与生产相关的数据，甚至将其存储在企业外的云端，以及如何防止此类信息泄露是制造公司管理者最关心的问题。要解决这些问题，不仅需要着眼于设备和工厂网络层面，还需要二级节点、企业节点的研发与运营商采取措施，如托管模式。

数据一旦被共享，数据生成者就会失去对数据的所有权控制。国际数据空间允许向数据添加软件可读合约，通过合约，数据生成者可以对数据接收者如何使用数据、数据的有效期、使用该数据所需支付的价格，以及与数据使用相关的其他要求进行规定。

数据完整性风险是指在共享数据时始终存在数据被意外更改的风险[7]。

对标识解析体系来说，应采取必要措施确保标识编码和相关资源信息注册后不可被篡改。

4）运营安全风险分析

运营安全风险分析涉及物理环境、访问控制、业务连续性、人员、机构、流程等方面。

6.1.3.2 风险管理视角

（1）风险目标：需要确立标识解析风险评估和业务保障的对象；

（2）指标体系：根据风险目标确定风险评估指标体系；

（3）风险识别：针对风险目标识别可能出现的风险；

（4）风险策略：针对风险目标可能出现的风险，制定相应的安全防护策略。

6.1.3.3 风险措施视角

（1）行业监管：建立联动监管机制；

（2）安全监测：针对四大风险分析对象（架构、身份、数据和运营），进行风险监测；

（3）态势感知：部署响应的监测措施，实时感知安全风险；

（4）威胁预警：针对态势感知发现的风险进行风险预警；

（5）响应处置：建立响应处置机制，及时应对安全风险。

6.2 安全防护

标识解析体系作为工业互联网平台的关键组成部分，在设计之初必须考虑安全方面的需求，否则必然成为各种网络攻击的重要目标。安全管理负责设备、系统、数据、信息等方面的安全防护。标识解析体系应至少符合工业互联网安全总体要求。

6.2.1 安全防护对象

工业互联网安全防护旨在加强工业互联网各层防护对象的安全水平，保障系统网络安全运营，防范网络攻击。

工业互联网安全防护场景如图 6.3 所示，工业互联网按照防护对象不同可分为现场设备、工业控制系统、网络基础设施、工业互联网应用、工业数据五个层级，各层级所包含的对象被纳入工业互联网安全防护范围[22]。

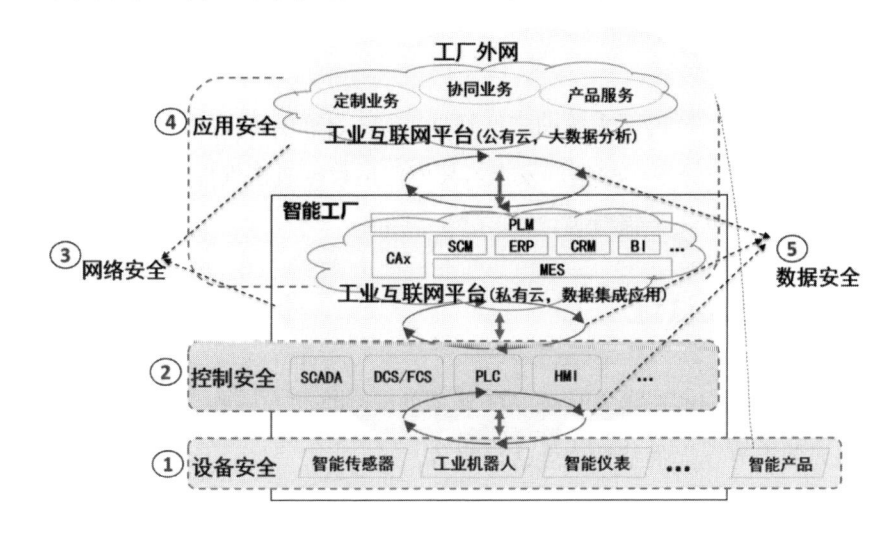

图 6.3 工业互联网安全防护场景

来源：工业互联网产业联盟，《工业互联网 安全总体要求》。

1）设备安全

设备安全是指工业智能装备和智能产品的安全，包括操作系统与相关应用软件安全、硬件安全等，具体包括设备及运维用户的身份鉴别、访问控制，以及设备的入侵防范、安全审计等。

2）控制安全

控制安全是指生产控制安全，包括控制协议安全与控制软件安全等，具体包括控制协议的完整性保护，控制软件的身份鉴别、访问控制、入侵防范、安全审计，加入可信计算等。

3）网络安全

网络安全是指工厂内有线网络、无线网络的安全，以及工厂外与用户、协作企业等实现互联的公共网络安全，具体包括网络与边界的划分隔离、访问控制、机密性与完整性保护、异常监测、入侵防范、安全审计等。

4）应用安全

应用安全是指支撑各类业务运行的平台安全及应用程序安全等，具体包括标识解析平台及工业应用程序的访问控制、攻击防范、入侵防范、行为管控、来源控制等。

5）数据安全

数据安全是指工厂内部重要的生产管理数据、生产操作数据，以及工厂外部数据（如用户数据）等各类数据的安全，具体包括数据机密性保护、完整性保护、数据备份恢复、数据安全销毁等。

6.2.2 接入认证

工业互联网标识解析接入认证系统具备以国密算法为核心支撑的公钥认证机制，能够为各类节点提供整体安全认证服务。

接入认证系统接口对外提供数据同步接口和接入认证接口两部分。

数据同步接口面向国家顶级节点、二级节点、企业节点提供节点数字证书信息同步服务。接入认证接口面向国家顶级节点、二级节点、企业节点和递归节点提供节点间的安全身份认证。

接入认证系统为各节点提供认证数据同步服务接口，根据指定同步请求条件，返回数据同步接口结果信息，数据同步接口如图6.4所示。

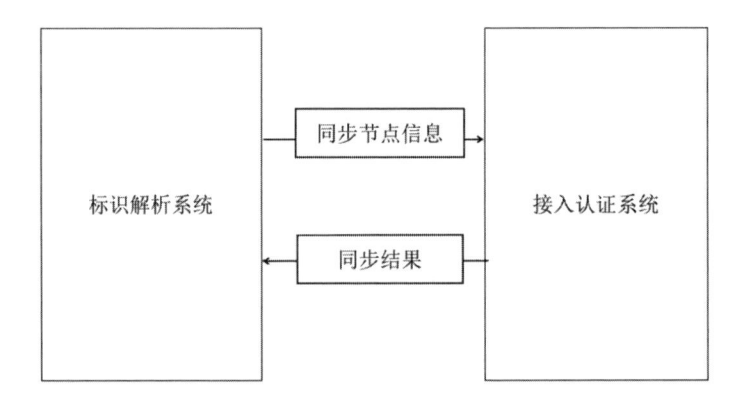

图6.4 数据同步接口

1）标识解析节点接入认证流程

当客户端发起解析请求时，节点在提供解析服务时应同步对节点身份进行双向认证，工业互联网标识解析节点接入认证业务流程如图6.5所示。

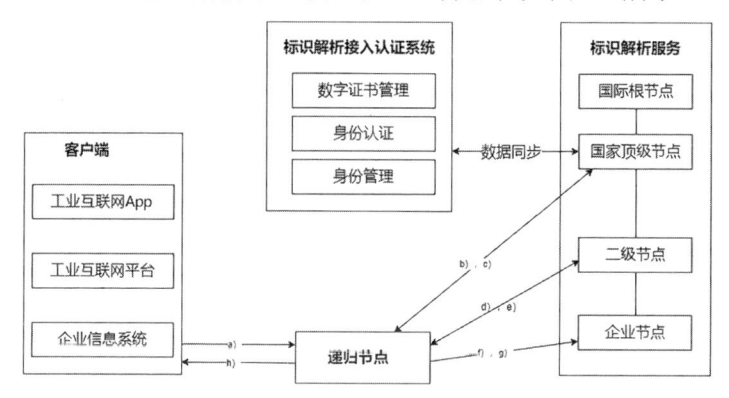

图6.5 工业互联网标识解析节点接入认证业务流程

来源：工业互联网产业联盟，《工业互联网标识解析 接入认证技术要求》。

认证步骤如下[23]。

（1）客户端向递归节点发送标识解析请求；

（2）如果递归节点在本地缓存中未查到该请求的标识信息，则递归节点将对请求消息进行签名并发送给国家顶级节点；

（3）国家顶级节点对签名的请求消息进行验签，核验递归节点的真实性和请求消息的完整性，核验通过后将对二级节点解析记录信息进行签名并反馈给递归节点；

（4）递归节点对签名信息进行验证，核验国家顶级节点的真实性和二级节点解析记录信息的完整性，核验通过后将签名的请求消息发送给二级节点；

（5）二级节点对签名的请求消息进行验签，核验递归节点的真实性和请求消息的完整性，核验通过后将对企业节点解析记录信息进行签名并反馈给递归节点；

（6）递归节点对签名信息进行验证，核验二级节点的真实性和企业节点解析记录信息的完整性，核验通过后将签名的请求消息发送给企业节点；

（7）企业节点核验递归节点的真实性和请求消息的完整性，核验通过后将对

解析结果进行签名并反馈给递归节点;

(8)递归节点进行验签,核验企业节点的真实性和解析结果的完整性与真实有效性,将解析结果进行缓存,同时将解析结果反馈给标识解析请求客户端。

接入认证的特点是对于在标识解析过程中涉及的服务器节点间的数据交互,都会对其进行服务器认证。

2)区块链技术应用

区块链技术具有历史数据不可篡改的特性,可用于解决工业互联网的访问安全问题。利用区块链技术将访问者对设备的访问权限的策略写入,并通过智能合约对这些策略进行管理。访问权限由设备所有者通过调用设备管理智能合约定义并发布在区块链上。因此,合规用户可以随时查询设备所有者对其设备执行某种操作的权限。方案中的主要活动者包括设备所有者(可以管理多个设备)、设备访问者(用户或设备)。设备所有者对其所有设备的访问进行控制,负责创建、更新、撤销访问者的访问权限。设备访问者对设备执行的一切操作需要符合设备所有者定义的所有访问控制策略。访问控制策略存储在区块链上,可以利用区块链智能合约来保存访问控制策略并控制其执行。所有设备通过加密网络或加密中继节点与访问控制区块链建立连接,由设备所有者为其注册并对其进行访问控制。

6.2.3 网络安全框架

美国国家标准及技术学会(National Institute of Standards and Technology,NIST)建立了一种网络安全框架(Cybersecurity Framework,CSF)。NIST CSF 由标准和最佳实践组成,其框架核心职能(治理、识别、保护、检测、响应和恢复)在最高级别组织网络安全结果[24]。

(1)治理(GOVERN,GV):建立和监控组织的网络安全风险管理战略、期望和政策。治理职能是跨领域的,并且要提供成果以告知组织如何在满足其使命和利益相关者期望的背景下实现其他职能的成果并确定其优先次序。

(2)识别(IDENTIFY,ID):帮助组织确定当前的网络安全风险。识别职能帮助组织了解其资产（数据、硬件、软件、系统、设施、服务、人员等）和相关的网络安全风险，使组织能够以符合其风险管理战略和治理需求的方式集中精力，并确定其工作的优先级。该职能包括确定支持网络安全风险管理的组织政策、流程、程序和实践所需的改进，以便为所有职能下的工作提供信息。

（3）保护（PROTECT，PR）：使用保护措施来防止网络安全事件的发生或降低网络安全风险。一旦资产和风险被识别并确定优先级，保护职能就会支持并保护这些资产，避免或降低网络安全事件的影响。该职能涵盖的成果包括提高认识、数据安全、身份管理、身份验证和访问控制，以及平台安全（即保护物理和虚拟平台的硬件、软件与服务）、技术基础设施的弹性。

（4）检测（DETECT，DE）：查找和分析可能的网络安全攻击和入侵。检测职能支持及时发现和分析异常、入侵指标和其他正在发生网络安全攻击及事件的潜在不利事件。

（5）响应（RESPOND，RS）：对检测到的网络安全事件采取行动。响应职能支持遏制网络安全事件影响的功能，该职能的成果包括事件管理、分析、减缓、报告和沟通。

（6）恢复（RECOVER，RC）：恢复受到网络安全事件影响的资产和操作。恢复职能支持及时恢复正常操作，以减少网络安全事件的影响，并在恢复工作期间实现适当的通信。

NIST CSF 对安全管理具有参考价值。在网络安全领域中，来自组织内部的威胁尤其危险。对企业来说，内部攻击比外部威胁产生的代价更高。因此，安全管理是企业重要的日常工作。

6.3 可信解析

标识解析体系作为工业互联网的神经系统，必须确保系统的正确性、完整性、高安全性和高可用性，或者说标识解析是可信的。标识解析是一种工业数据共享服务,当前工业数据共享流通面临以下难题。

(1)质量管理难。高质量数据是共享流通的重要前提,但工业数据的采集记录标准、频率和时间千差万别,导致数据质量参差不齐和资源浪费;

(2)确权难。工业数据涉及主体众多,主权边界难以界定;

(3)交易难。工业数据的安全要求远比消费数据的高,企业担心泄露商业机密或暴露客户隐私。

数据提供方和使用方在可信数据流通方面主要存在以下需求。

(1)对数据施加控制,即限制数据的使用范围和方式;

(2)对数据进行日志采集存证,以实现溯源、过程存证和有效监管;

(3)支撑数据流通的基础服务,如实名身份、供需对接、数据质量、电子合约保障等。

以上问题和需求,特别是涉及数据安全方面的,需要引入可信技术进行解决。可信是安全的基础,因为安全方案、策略只有运行在未被篡改的环境下才能进一步确保安全。可信的核心目标之一是保证系统和应用的完整性,从而确定系统或软件运行在设计目标期望的可信状态下。通过保证系统和应用的完整性,可以确保使用正确的软件栈,并及时发现软件栈受到攻击后发生的改变。

基于可信计算建立的可信工业数据空间为标识的可信解析提供可信服务。

6.3.1 可信计算

可信计算(Trusted Computing,TC)是一项由可信计算组(Trusted Computing Group,TCG)推动和开发的技术。

可信计算技术对安全有如下提升。

(1)操作系统安全升级,如防范在操作系统中插入 rootkit,以及防范病毒和攻击驱动注入等;

(2)应用完整性保障,如防范在应用中插入木马;

(3)安全策略强制实现,如防范安全策略被绕过或篡改、强制应用只能在某台计算机上使用、强制数据只能有某几种操作等。

可信计算主要通过度量和验证的技术手段实现。度量就是采集所检测的软件或系统的状态；而验证是将度量结果和参考值进行比对，如果二者一致，则表示验证通过，否则表示验证失败。

度量分为静态度量和动态度量两种。静态度量通常是指在运行环境初装或重启时对其镜像的度量。度量是逐级的，通常由先启动的软件对后一级启动的软件进行度量，度量值验证成功标志着可信链从前一级软件向后一级的成功传递。以操作系统启动为例，可信操作系统在启动时基于硬件的可信启动链，对启动链上的统一可扩展固件接口（Unified Extensible Firmware Interface，UEFI）、加载器（Loader）、操作系统镜像（Operating System Image）进行静态度量，静态度量的结果通过云上可信管理服务来验证，以判断系统是否被改动。

动态度量和验证是指在系统运行时动态获取其运行特征，根据规则或模型分析判断系统是否运行正常。

可信计算的一个核心部分是可信根，通常是可信硬件芯片。可信计算通过芯片厂家植入可信硬件中的算法和密钥，以及集成的专用微控制器，对软件栈进行度量和验证以确保可信。根据安全芯片和在其上运行的可信软件基（Trusted Software Stack）分类，业界主流的可信计算标准主要有三种：可信平台模块（Trusted Platform Module，TPM）、可信密码模块（Trusted Cryptography Module，TCM）和可信平台控制模块（Trusted Platform Control Module，TPCM）。

在标识解析体系中，可信根来自国家顶级节点。

6.3.2 可信服务关键要素

可信工业数据空间或可信解析都属于可信服务，可信服务关键要素包括安全性、隐私性、可靠性、弹性，标识解析体系可信服务设计应满足以上关键要素。

可信服务协议应包含的指标可分为以下五类：基础设施、工业连接、工业数据管理服务、平台服务、权益保障[25]。

6.3.2.1 基础设施指标

基础设施指标主要包括以下几个方面。

1）工业数据存储的持久性

持久性是指在合同期内，数据存储不丢失的概率，即每月完好数据/（每月完好数据+每月丢失数据），数据存储不包括缓存和临时存储。

2）工业数据的可销毁性

在用户要求删除数据或终止用户服务时必须将其所有数据彻底删除，并且数据无法复原。

3）工业数据的可迁移性

用户能够控制数据的迁移，以保证用户在启用或弃用平台服务时，数据能迁入和迁出。

4）工业数据的私密性

用户使用加密或隔离等手段保证用户数据互不可见，且只有在经过用户授权的情况下，服务商才能使用数据。

5）工业数据知情权

用户有权利了解数据的存储位置、使用程度等信息。

6）基础设施资源弹性调度

用户扩展和缩减单位存储、计算等资源的时间及最大扩展容量。

6.3.2.2 工业连接指标

工业连接指标主要包括以下几个方面。

1）工业连接能力

工业连接能力应包括功能、可扩展性、并发处理能力等。

2）工业连接的可监测性

可监测性是指对工业连接的监测能力。

3）工业连接的可管理性

可管理性是指对工业连接的管理能力。协议规范性描述包括平台工业连接的管理功能，如消息过滤、排队、启停、隔离、自动默认配置能力、批量配置处理等。

4）工业信息数据传输安全

数据传输安全是指在数据传输过程中的安全机制。

5）工业设备接入安全

工业设备接入安全主要包括接入生产设备或产品时的防篡改、设备鉴权等能力。

6.3.2.3 工业数据管理服务指标

工业数据管理服务指标包括以下几个方面。

1）数据管理能力

协议规范性描述包括平台提供的数据管理能力，如工业数据的清洗、管理、分析等。

2）数据服务能力

协议规范性描述包括平台提供的数据服务类型，如根据应用场景需求进行数据建模、可视化、批处理等。

6.3.2.4 平台服务指标

平台服务指标主要包括以下几个方面。

1）服务功能

服务功能是指服务的具体功能，可简单描述，详细的功能描述可在其他公开文档中提供。

2）平台访问控制

平台访问控制是指平台在对访问用户的权限限制方面的能力。

3）平台攻击防范

平台攻击防范是指在受到来自互联网的病毒、渗透性入侵时的防范能力。协议规范性描述包括平台的攻击防范方案。

4）平台服务的确定性

确定性是指平台服务商应承诺用户的服务功能、性能等能力。

5）平台服务的可计量性

可计量性主要指平台计费方法。

6）故障恢复能力

故障恢复能力是指当出现故障时，故障恢复的能力。

协议规范性描述包括以下几个方面。

（1）在什么情况下选择哪种故障恢复手段；

（2）当出现故障时，用户是否可以选择恢复手段，或者服务商将优先选择哪种恢复手段；

（3）是否有故障监控、快速定位、自动化恢复、告知等一系列故障管控体系；

（4）是否有相应的故障维修人员保障。

6.3.3　可信工业数据空间

可信工业数据空间（Trusted Industrial Data Matrix）是实现工业数据开放共享和可信流通的基础设施和技术解决方案，基于"可用不可见、可控可计量"的应用模式，为工业数据要素市场化提供了实现路径。其主要功能有以下三点。

（1）为数据提供者提供对数据使用对象、范围、方式的控制能力，满足企业对工业数据"可用不可见、可控可计量"的需求，消除流通顾虑；

（2）为数据处理者提供数据流通处理的日志采集存证和内外部合规记录，实现数据资源的有效管理；

（3）为数据供需双方提供中间服务，便于供需双方对接，促进工业数据要素资源的价值转换。

可信工业数据空间的功能视图如图 6.6 所示。

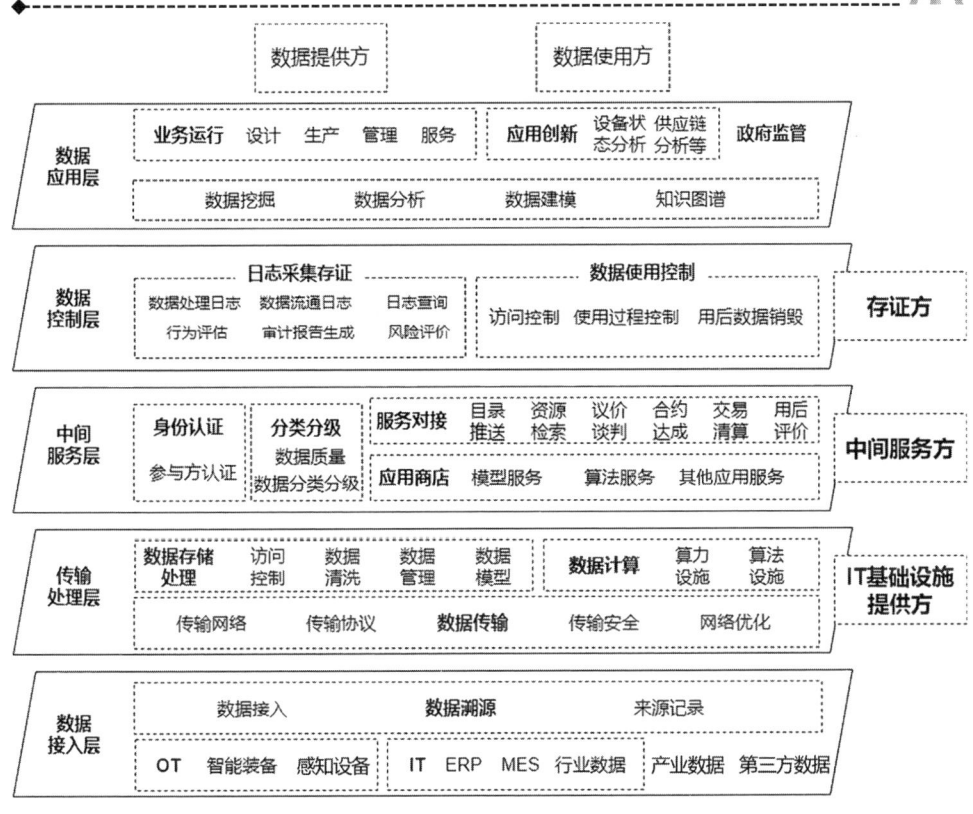

图 6.6 可信工业数据空间的功能视图

来源：工业互联网产业联盟，《可信工业数据空间系统架构1.0》。

数据接入层是工业数据的来源。数据接入层主要涉及 OT 层的智能装备、感知设备等，IT 层的 ERP、MES 等，以及产业数据、第三方数据、数据的来源记录和数据溯源。

传输处理层主要考虑对数据的传输、处理及计算。传输网络、传输协议、传输安全、网络优化、访问控制、数据清洗、数据管理，以及提供的算力和算法设施等都是传输处理层的核心组成单元。该层的主要功能由 IT 基础设施提供方提供。

中间服务层主要由中间服务方提供的第三方服务组成，如参与方认证与身份认证、数据的分类分级管理与价值评估、目录推送与资源检索、供需方的议价谈判、电子合约的达成与执行、交易清算与用后评价，以及第三方提供的算法和模型等应用商店服务。

数据控制层由两大功能组成。

（1）为用户提供的日志采集存证功能，可以采集数据流通日志与数据处理日志，并能够进行行为评估、风险评价和审计报告生成；

（2）数据全生命周期的使用控制功能，包括数据的访问控制、使用过程控制和用后数据销毁过程。

数据应用层主要包括企业业务运行、应用创新相关功能，以及政府的监管应用。例如，通过数据挖掘、数据分析、数据建模及知识图谱等方式。

可信工业数据空间的技术视图如图 6.7 所示，可信工业数据空间运用了七类技术：安全技术、隐私计算技术、存证溯源技术、数据控制技术、管理技术、计算处理技术、OT（Operation Technology）技术[20]。

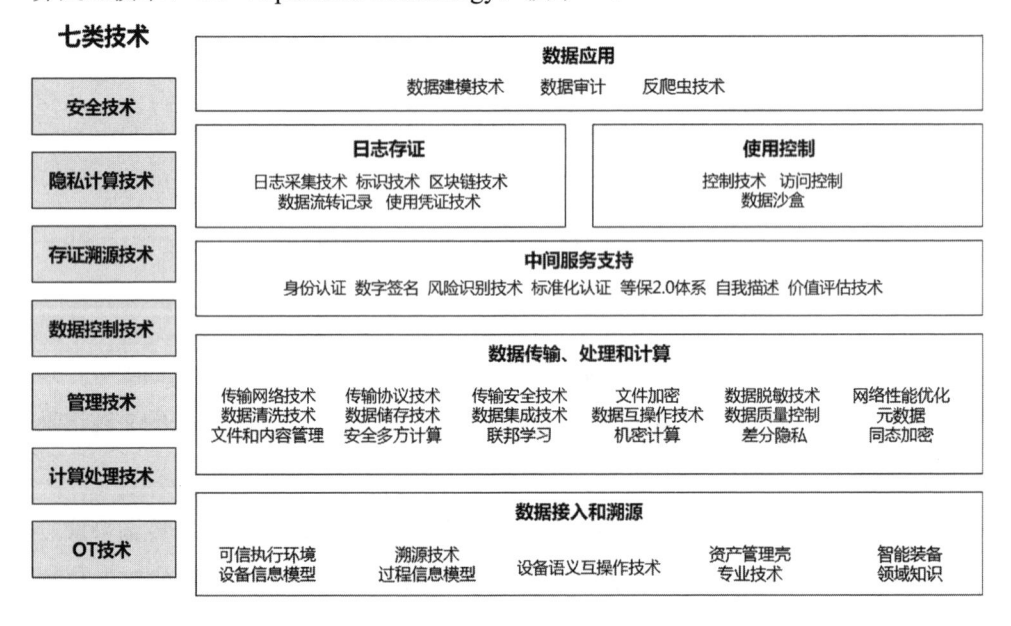

七类技术		
安全技术	数据应用 数据建模技术　数据审计　反爬虫技术	
隐私计算技术	日志存证 日志采集技术　标识技术　区块链技术 数据流转记录　使用凭证技术	使用控制 控制技术　访问控制 数据沙盒
存证溯源技术	中间服务支持 身份认证　数字签名　风险识别技术　标准化认证　等保2.0体系　自我描述　价值评估技术	
数据控制技术		
管理技术	数据传输、处理和计算 传输网络技术　传输协议技术　传输安全技术　文件加密　数据脱敏技术　网络性能优化 数据清洗技术　数据储存技术　数据集成技术　数据互操作技术　数据质量控制　元数据 文件和内容管理　安全多方计算　联邦学习　机密计算　差分隐私　同态加密	
计算处理技术		
OT技术	数据接入和溯源 可信执行环境　溯源技术　　　　　　　　　　　　　资产管理壳　智能装备 设备信息模型　过程信息模型　设备语义互操作技术　专业技术　　领域知识	

图 6.7　可信工业数据空间的技术视图

来源：工业互联网产业联盟，《可信工业数据空间系统架构 1.0》。

1）安全技术

安全技术是保障数据安全的重要基础，主要包括文件加密、身份认证、数字签名、数据脱敏技术、反爬虫技术、传输网络、传输协议、传输安全、可信执行环境等。

2）隐私计算技术

隐私计算技术可以在原始数据不出本地的情况下，发挥数据的价值，保护用户的数据隐私，主要包括安全多方计算、联邦学习、机密计算、差分隐私、同态加密等。

3）存证溯源技术

存证溯源技术主要负责对数据全生命周期进行日志存证与溯源，主要包括日志采集技术、标识技术、区块链技术、数据流转记录、使用凭证技术、数据溯源等。

4）数据控制技术

数据控制技术实现数据提供方对数据全生命周期的掌控，如数据撤回、使用次数与时间限制、用后即焚。数据控制技术主要包括控制技术、访问控制、数据沙盒等。总体而言，数据控制技术是对传统访问控制技术的丰富与革新。

5）管理技术

管理技术主要用于实现中间服务层和传输处理层的功能，主要包括数据审计、风险识别技术、标准化认证、等保 2.0 体系、自找描述、数据质量控制、元数据技术、文件和内容管理、价值评估技术等。

6）计算处理技术

计算处理技术负责对数据的清洗、存储、计算与处理提供支持，主要包括网络性能优化、数据清洗技术、数据建模和设计技术、数据存储技术、数据集成技术、数据互操作技术等。

7）OT 技术

OT 技术为可信工业数据空间架构提供支撑，主要包括设备语义互操作技术、资产管理壳专业技术、智能装备领域知识、设备信息模型、相关专业技术等。

6.3.4　IDIS 可信解析

可信解析是指标识解析体系在迭代查询出用户请求的解析结果后，可根据用户请求决定是否对解析结果进行可信解析认证，并将可信解析认证结果返回给客户端。

构建安全可信的工业互联网标识解析服务体系需要满足以下四个要求。

（1）身份可信要求，包括标识编码备案、标识解析体系分级授权管理；

（2）内容可信要求，包括标识解析数据加密、标识解析通信链路加密；

（3）行为可信要求，包括访问控制、数据分发；

（4）第三方可信审计要求，包括对标识解析运营机构的审计、对标识解析注册机构的审计。

智能分布式标识系统（Intelligent Distributed Identifier System，IDIS）是一个身份可信解决方案。IDIS 结合非对称加密算法和摘要算法，保障解析结果的真实性和准确性。

IDIS 的身份可信解决方案主要内容包括：由国家顶级节点提供可信根；当国家顶级节点分配前缀给二级节点时，会给二级节点颁发证书，并对二级节点申请的前缀信息进行签名，将签名信息写入二级节点前缀信息；当企业节点向二级节点申请前缀时，二级节点会把签名信息写入企业节点前缀信息。这样，就构成了国家顶级节点、二级节点、企业节点的可信链，只有得到国家顶级节点颁发的证书的二级节点才可信，同理，二级节点可信，才能有可信的企业节点建设。

IDIS 实施的具体步骤如下。

（1）业务系统根节点自签名一个根证书，并将其颁发给国家顶级节点；

（2）二级节点向国家顶级节点申请前缀，提交公钥；

（3）国家顶级节点确认身份，使用私钥对二级节点提交的公钥进行签名，颁发一个证书，并把信息写入前缀信息；

（4）企业节点向二级节点申请前缀，提交站点信息等；

（5）二级节点给企业节点分配前缀，并把签名信息写入企业节点前缀信息。

标识解析客户端进行可信验证的步骤如下。

步骤 1：客户端发起对企业前缀的验证；

步骤 2：递归服务器查询国家顶级节点服务地址；

步骤 3：返回二级节点服务地址，保存国家顶级节点的证书签名；

步骤 4：递归服务器查询二级节点服务地址；

步骤 5：返回企业节点服务地址，保存二级节点的证书签名；

步骤 6：查询企业节点服务地址；

步骤 7：返回企业节点信息；

步骤 8：根据查询结果构建证书签名链；

步骤 9：验证签名链；

步骤 10：返回验证结果给客户端。

经过以上步骤，IDIS 可完成标识解析服务参与者身份的可信验证。

6.4 容灾

容灾（Disaster Tolerance）即当灾难发生时，在尽量减少丢失生产系统数据的情况下，保持生产系统业务的不间断运行。容灾技术是信息系统高可用性技术的一个组成部分。

容灾备份简称灾备，是指利用技术手段提前建立系统化的数据应急方式，以应对灾难的发生。

容灾与备份是两个独立的概念，容灾是为了在遭遇灾害时保证信息系统能够正常运行，帮助企业实现业务连续性的目标；而备份是为了应对灾难来临时造成的数据丢失问题[26]。

备份是容灾的基石，其目的是当系统数据崩溃时能够恢复数据。容灾不能替代备份，容灾系统会完整地将生产系统的任何变化复制到容灾端中，如误将产品信息表删除，容灾端中的产品信息表也会被完整删除。如果是同步容灾，则容灾端中的相关数据会被同步删除；如果是异步容灾，则容灾端中的相关数据会在数据异步复制的间隔内被删除。这时需要从备份系统中取出最新备份，从而恢复被错误删除的信息。因此，容灾系统的建设不能替代备份系统的建设。

工业互联网标识解析体系中的国家顶级节点和二级节点作为体系的核心系统和数据，必须应用一定的容灾方案，以确保工业数据的安全。

6.4.1 容灾方式

1）按容灾距离划分

容灾方式可分为本地容灾和异地容灾。

本地容灾一般指当主机集群中的某台主机发生故障时，其他主机可以代替该主机继续正常对外提供服务。一般企业节点可以采用本地容灾。

异地容灾是指在与生产机房有一定距离的异地建立和生产机房类似的备份中心，并采用特定技术将生产机房的数据传输到备份中心中。例如，国家顶级节点的南京和成都灾备中心。重要行业的二级节点可以根据情况采用异地容灾。

2）按保护级别划分

容灾方式可分为数据级容灾、应用级容灾和业务级容灾。

数据级容灾是最基础的手段，是指通过建立异地容灾中心进行数据的远程备份，当发生灾难时应用会中断。这种级别的容灾方式实施起来相对简单、资源投入和后期运维成本低，但系统恢复速度较慢，业务恢复难度较高。数据级容灾是各级节点必须采取的措施。

应用级容灾是主要针对关键应用进行的容灾方式，它建立在数据级容灾的基础上，对应用系统进行实时复制，即在备份站点中构建一套相同的应用系统，通过同步或异步复制技术，保障关键应用在允许的时间范围内恢复运行。应用级容灾实施难度高、资源投入和后期运维成本较高，需要更多的软件来实现，但是系统恢复速度较快，业务恢复难度较低。有条件的企业节点和二级节点可以采用应用级容灾，而递归节点至少要采用应用级容灾。

业务级容灾是最高级别的容灾方式，它不仅保障 IT 系统业务的连续性，还提供非 IT 系统保障。业务级容灾建立在数据级容灾和应用级容灾的基础上，还需要考虑除 IT 系统之外的业务因素。例如，当发生重大灾难时，办公场所可能会被损坏，除了恢复原来的数据，还需要让工作人员能够在备份的工作场所正常开展业务。国家顶级节点、重点行业的二级节点应采用业务级容灾。

6.4.2 评估指标

评估一个灾备系统可靠性的两个重要指标为恢复时间目标（Recovery Time Objective，RTO）与恢复点目标（Recovery Point Objective，RPO）。

RTO 是指灾难发生后，从系统宕机导致业务停顿开始，到系统恢复至可以支持业务部门运作、业务恢复运营之间的时间，RTO 可被简单描述为企业或用户能容忍的恢复时间。根据金融行业标准规定，金融领域分布式事务数据存储灾难恢复能力应至少达到该标准规定的 4 级，其中 4 级 RTO≤30 分钟、5 级 RTO≤15 分钟，6 级 RTO≤1 分钟，其他行业可以根据实际需求制定 RTO 标准。

RPO 是指灾难发生后，业务系统所能容忍的最大数据丢失量，它是衡量企业在发生灾难后会丢失多少生产数据的指标。

RTO 与 RPO 必须在风险分析和业务影响分析后根据不同的业务需求来确定，对不同企业的同一业务来说，其需求也会有所不同。最理想的情况是两个指标都为零。

6.4.3 容灾架构

分布式数据存储的部署方式应该选择合理的容灾架构，常见的架构包括单中心容灾、同城互备、同城双活、两地三中心容灾等[26]。在不同的应用场景和业务需求下，这些架构类型可以作为数据容灾架构的可选项。

1）单中心容灾

在这种架构下，数据通过在该生产中心的多个不同可用区中进行多实例部署，实现数据服务高可用。不同可用区的数据存储均能向应用系统提供数据访问服务。

单中心容灾基于数据存储的高可用机制可以抵御部分节点故障，甚至机房可用区整体故障，仍然保持数据存储服务的正常运行。但如果遇到数据中心级的灾难，则无法保持可用状态。

2）同城互备

同城互备架构需要在灾备中心内部署与生产中心业务系统相同的资源配置，包括应用和数据存储在内的完整业务系统。生产中心和灾备中心均能承载全流量业务压力。数据存储系统在生产中心和灾备中心中都需要冗余部署满足系统正常运行的全部组件，并配备满足全量数据存储和访问压力的存储与计算资源。在正常情况下，只有生产中心投入运行，灾备中心才处于在线待机状态。当数据中心发生灾难时，灾备中心可以在短时间内切换并提供服务。

3）同城双活

业务系统可以同时通过生产中心和灾备中心进行访问，无须指定特定的访问规则。数据存储架构同时兼备异地互备模式的负载均衡和故障自动切换能力，且由于距离较近，因此两个数据中心的存储节点可以保持数据强一致。

当其中一个中心发生灾难时，通过接入端的负载均衡，可将全流量输入对等的灾备中心中；同时数据存储自动进行切换，灾备中心的数据存储集群承载全部查询请求。

4）两地三中心容灾

在同城互备或同城双活的架构下，增加一个远距离的容灾中心，可实现两地三中心容灾架构。该架构在同城容灾方案的基础上，获得了对地震、飓风等区域级灾难的抵御能力。由于异地灾备中心距离较远，因此数据同步一般使用异步模式。

国家顶级节点、二级节点、企业节点、递归节点、管理机构等标识解析体系中的服务节点应根据业务场景需要选用容灾策略、方式、架构，以确保标识解析体系的可靠性和可用性。对企业节点和二级节点来说，可以从最简单的方式做起，并根据业务量、业务数据的增长速度、业务特点、宕机损失等因素逐步加强容灾管理。

6.5 容错

容错（Fault Tolerance）是系统容纳错误或故障的能力。当一个或多个关键部分发生故障时，系统能够自动进行检测与诊断，并采取相应措施，保证故障部分维持其规定功能，以确保系统能在可接受范围内继续工作。

容错和容灾最大的区别是，容错可以通过硬件和软件冗余、错误检查和热交换技术，以及特殊的软件来实现，而容灾必须通过冗余备份、灾难检测和系统迁移等技术来实现。

错误一般分为先天错误、后天错误两类。

（1）先天错误，如元器件生产过程中造成的错误、线路与程序在设计过程中产生的错误。这类错误是不能容忍的，当它发生时，需对其进行拆除、更换或修正。

（2）后天错误，它是设备在运行中产生的缺陷所导致的故障。这类错误有瞬时性、间歇性和永久性的区别。

为了实现容错，必须使系统具有故障检测与诊断、功能切换与系统重组、系统恢复与重新运行、系统的重构与可扩展等功能，并且这些功能不能影响系统的正常运行，或者至少不能使系统的性能下降到不能容忍的程度。

实现容错意味着系统运营成本增加，工业互联网标识解析体系作为工业互联网的神经系统，各级节点都应具备一定的容错能力，以提升系统可用性，如国家顶级节点应具备较强的容错能力，二级节点和关键企业节点可以根据行业实际需求，设计一定的容错能力。

6.5.1 错误源

系统要想做到更好的容错、健壮和可靠，首先需要全面梳理可能导致错误的源头和可能性，分析应用及流程所依赖的要素和环节，并针对每个要素和环节，推敲易出错的地方，如服务器及设备节点、网络、同步时钟、资源、数据、负荷、安全、并发等。

常见的错误源如下。

（1）服务器、设备节点及其他硬件设施。各类设备故障、电源故障、电缆故障、存储设备故障、存储空间耗尽、内存耗尽、CPU 100% 占用、掉电等；

（2）网络。各类网络设备故障、网络线缆故障、网络连接中断、请求排队（延迟）、网络丢包、网络重传、网络拥塞、网络分区；

（3）时钟。同步时钟错误、任务耗时超过预期；

（4）资源。资源不存在（如文件不存在）、资源暂时不可用（如端口已占用）、没有可用资源（如连接池满）；

（5）数据。不符合预期格式的数据、脏数据，不一致的数据引起后续行为错误。

6.5.2　冗余类型

要想建立可靠的系统就必须控制错误，实现即使在系统发生错误时也能提供服务。容错建立在冗余的基础上，冗余类型可分为硬件冗余、软件冗余、信息冗余、时间冗余等，其中硬件冗余和软件冗余合称物理冗余。

（1）硬件冗余：添加额外的设备到系统中，使得系统有可能作为一个整体来容忍部分组件丢失或者故障；

（2）软件冗余：添加额外的进程、组件和微服务节点到系统中，以便当有少数进程崩溃时，系统仍可以正常运行；

（3）信息冗余：添加额外的位，以允许信息从乱码中恢复。例如，使用海明码（Hamming Code）、循环冗余校验码（Cyclic Redundancy Check，CRC）等；

（4）时间冗余：是指执行一个操作如果出现错误，则可以按需再执行一次，如原子操作和原子事务处理重复计算。

在设计与实施解析节点系统时，应根据系统架构和业务场景选择恰当的冗余类型。例如，在企业节点采用微服务架构时，应适当增加查询标识信息微服务实例的数量；在设计递归节点时，应充分考虑时间冗余；在设计其他各节点时，应配合递归节点的时间冗余，同时应遵守服务访问返回信息的相关标准规范。

6.5.3 容错处理

容错处理的两个方向是具备保护能力和修复能力。

- 具备保护能力：在一个功能单元发生错误时，应尽量避免其相关依赖的功能单元受到影响，从而产生雪崩效应。例如，为请求设置超时时间、主动隔离故障节点等。
- 具备修复能力：在保护故障范围不再扩大的前提下，系统能够自我修复。例如，工厂作业的执行一般具备流程性，可以在易故障点部署冗余设施。一旦发生错误，可以自动把请求转移至运行正常的功能单元。

6.5.4 容错策略

容错策略是在系统架构和设计阶段设定的。常见的策略有以下几种。

（1）故障转移。当发生错误时，尽最大努力保证系统的可用性，如增加作业冗余流程或冗余路线；

（2）故障恢复。当发生错误时，尽最大努力完成工作，如设定定时重试的次数；

（3）快速失败。当发生错误时，尽量保证数据的正确性，如直接向作业管理功能单元响应错误，而不进行任何重试处理；

（4）沉默失败。适当增加作业功能单元冗余，当发生错误时，尽量缩小错误的功能单元对后续请求的影响范围；

（5）安全失败。区分作业功能单元的重要级别，当发生错误时，忽略级别低的作业功能单元，尽量保证完成核心工作；

（6）并行调用。增加作业并行路径，尽量保证性能；

（7）广播调用。所有请求成功才能算成功。这适用于多个作业功能单元需要保证一致性的场景，如数据同步、分布式事务、缓存更新。

6.5.5 容错模式

1）断路器模式

在分布式环境下，当调用某个服务或微服务发生错误时，为了避免继续影响后续的请求，从而产生雪崩效应，在满足某种条件后，系统有直接阻断调用后续服务的能力。

断路器模式的核心思想是通过熔断机制为系统提供整体保障。

2）重试模式

在典型场景（如网络的不可靠）下产生的某些请求必然会因为网络问题而失败，而这样的情况通常是偶发性的，并且不是因为系统本身的故障。面对这样的问题，通常可以通过重试来保证请求的正常处理，也就是在请求失败时，可以通过进行一定次数的重试以期望完成作业。在不稳定的网络环境下，重试模式可以尽最大能力做到成功请求，从而提升系统的可用性。

3）舱壁隔离模式

使用舱壁隔离模式的目的是避免局部问题而导致的系统整体性问题，在局部发生故障时尽量减少影响。

国家顶级节点、二级节点、企业节点、递归节点都应根据业务场景和需求，在需求分析和系统架构阶段选用恰当的容错策略和模式，以确保自身系统的高可用性，从而提升整个标识解析体系的可用性。

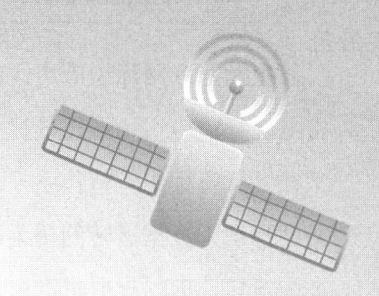

第七章　标识解析体系应用

工业互联网标识应用（Identification Applications，以下简称"标识应用"）是指结合行业应用场景，依托分布式数据架构的工业互联网标识解析体系，它基于工业互联网标识解析体系平台，将编码规范、数据规范进行有机结合，以工业互联网标识为数据流转的桥梁，牵引数据在行业、平台、企业、系统等维度之内和之间流转，向用户提供产品全生命周期管理、设备运行维护、供应链协同、生产运营优化、产业链协同等应用服务。

标识应用以网络为基础、以平台为中枢、以数据为要素、以安全为保障，与区块链、大数据、人工智能等技术深度融合，重塑企业形态、产业链与价值链，提高企业竞争力。

标识应用的价值体现在以下两个维度。

1）通用工业服务

如资产服务、数据服务、分析服务、供应链管理、智能诊断、设备检测等。

2）垂直服务

凝聚不同行业的工业知识，解决特定场景下的智能化需求，提高生产效率。

7.1 标识应用

标识应用一般包含业务逻辑、数据对象模型、数据对象交换模型、行业领域机理模型、模型算法等要素，可以通过工业App、数据平台、API、微服务等多种方式呈现。

7.1.1 典型特征

标识应用的典型特征包括编码统一性、数据统一性、接口统一性、数据多跨性等[27]。

1）编码统一性

编码统一性是指标识均按照统一规范制定。

标识编码由标识前缀与标识后缀组成，前缀与后缀之间以 UTF-8 字符"/"分隔。其中，标识前缀由国家代码、行业代码、企业代码组成，用于唯一标识企业主体；而标识后缀由对象代码和安全代码组成，安全代码为可选后缀。

通过统一前缀的标识编码，标识应用能够定位唯一识别机器、产品等物理资源和数据、算法等数字资源的身份。

2）数据统一性

企业节点必须定义基于场景需求的标识应用的元数据、主数据，并建立元数据库、主数据库。企业根据元数据库、主数据库给出标识对象对应的属性值，以支持基于标识解析体系的各种创新应用。

3）接口统一性

标识解析二级节点需要与标识解析国家顶级节点、标识解析企业节点、标识解析递归节点对接，并满足相应的接口规范要求。标识解析节点提供开放端口，接收并响应标识解析递归节点查询。标识解析二级节点提供标识公共基础平台服务，能够对外提供规范的 API 接口，为标识应用提供支撑，使其具备服务能力，并支持第三方开展标识应用的自定义创新。

4）数据多跨性

通过为每个对象赋予具备统一编码规范、数据规范、解析规范的标识，以及标识应用的牵引，实现跨地域、跨行业、跨企业的信息查询和共享。标识应用通过为各种物理资源和数字资源分配标识的方式，为推进数据互通提供实现路径，同时与行业特性深度融合，深入挖掘企业痛点和场景需求，对现有工业系统和操作流程进行改造，发挥标识应用的价值。

无论是离散行业还是流程行业，无论企业信息化建设程度处于哪个层级，标识应用需求都面临着设备类型及业务系统多样化、数据类型复杂、产业链上下游企业众多、企业广泛需要使用不同规范的标识编码标记各类要素的实际情况。

第一，不同系统的编码和解析方式不同，使跨工序、跨系统的数据流通存在障碍，增加了生产管控协同与企业一体化运营的难度。

第二，针对产业链上各环节生产的各类产品，需要通过标识对产品采购、生产、运输、使用等全生命周期信息进行标记，产业链有建立完整的产品全生命周期数字化档案的需求。

第三，不同企业的编码和解析方式不同，使跨企业的数据流通存在障碍，增加了上游供应商、第三方物流服务商、核心生产商等产业链和供应链各方协同的难度。

7.1.2 标识应用图谱

工业互联网标识应用图谱分为产品/设备、流程/过程、产业/资源三个层次，如图 7.1 所示。标识应用以数据应用为核心，以数据模型单点优化、业务模型线性互联、知识模型全局赋能自下而上的数据流指导决策优化和模式创新，形成数据优化闭环[27]。

产品/设备层	产品追溯管理	质检管理
	产品全生命周期管理	防伪防窜管理
	设备维修管理	
流程/过程层	供应链优化管理	生产安全管理
	运营优化管理	仓储管理
	生产过程管理	
产业/资源层	供应链金融	产融结合
	生产制造协同	产业链协同
	共享经济模式	

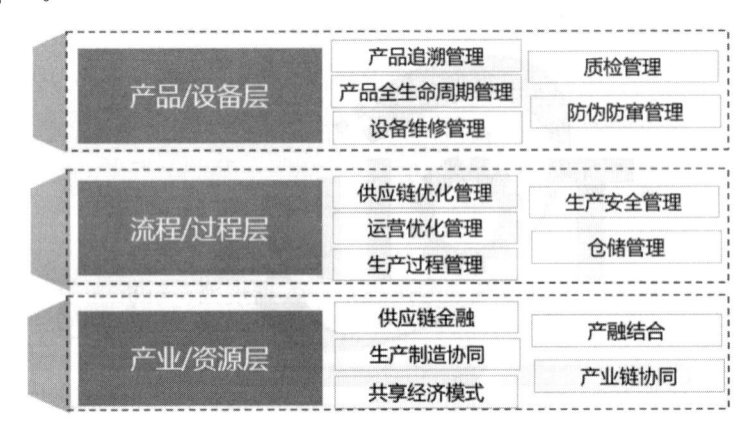

图 7.1　工业互联网标识应用图谱

来源：工业互联网产业联盟，《工业互联网标识应用白皮书（2021）》。

1）产品/设备层

标识应用在产品/设备层通过传感器、数据采集设备、智能终端、主/被动标识载体等构筑企业数据汇聚能力。围绕产品、设备（机理模型）、产线、车间等场景，依托标识应用，通过对上述物理、虚拟对象进行唯一标识，映射物理身份和数字身份，保障有源数据的全面收集、积累。针对单点维度，面向产品追溯管理、产品全生命周期管理、设备维修管理、质检管理、防伪防窜管理等场景开展标识应用。

2）流程/过程层

标识应用在流程/过程层依托产品/设备层形成的标识数据资源池开展丰富的应用探索与落地。围绕生产、工艺、流程等场景开展供应链优化管理、运营优化管理、生产过程管理、生产安全管理、仓储管理等应用。在流程/过程层中，标识应用既带有通用化属性，又与行业属性密切结合，需要同大量的工业软件进行数据交互。通过对工业软件中的数据进行规范化标识，利用标识解析数据中间件与标识解析体系的对接，把工业数据注册到标识解析体系中，工业软件可以根据本地数据权限的规则，随时按需查询工业数据并与之交互。

3）产业/资源层

标识应用在产业/资源层以国家顶级节点为核心，依托二级节点和递归节点，形成统一管理、互联互通、高效可靠的基础设施，实现产业链、全要素的互通。基于标识数据资源池、行业级工业互联网平台的建设，打造供应链金融、产融结合、产业链协同等应用。在产业/资源层中，标识应用需要行业龙头牵引、产业资源注入、产业链相互协同，最终形成价值链闭环，推动产业/资源层标识应用的落地推广。

7.1.3 挑战

标识解析体系是新一代网络基础设施，是支撑工业互联网互联互通的神经枢纽。如何通过标识应用与企业实际数字化转型需求的深度结合，形成标准化、统一化、便利化的标识应用是下一步工作的重点与难点。

不同行业、行业内部各企业之间在数据采集参数及格式上存在差异，针对同一对象，多维数字模型采集的数据格式也不同，在产业链级数据融合时会出现数据断联，从而导致数据不能进行交互，这仍然是标识应用发展所面临的挑战。

标识应用的商业模式仍在进一步探索中。商业逻辑是企业运行并实现其商业目标的内在规律，商业目标内在规律的要素是动态而复杂的，特别是在行业各细分领域中。标识应用可以依托行业龙头企业，深入探索行业应用底层逻辑，持续探索各行业、各专业领域，通过全要素的广泛连接，创造新型服务模式，催生新业态、新模式，最终形成围绕标识应用产业生态的企业商业逻辑价值闭环。

接下来将分析电力装备行业、船舶行业、汽车行业、石化行业、供应链、智能制造等典型场景应用，从行业特点、标识解析实施架构、标识对象分析、标识数据应用、应用案例等多个维度做进一步探讨，为这些行业的发展和其他行业的实施引入提供参考。

7.2 电力装备行业

电力装备行业是由发电、输电、变电、配电和用电等环节组成的电力生产与消费系统的总称，主要包括电力生产业、电力供应业，以及相配套的装备制造和服务业[28]。

电力设备产业链中上游主要包括零部件、材料；中游主要包括发电设备、输电设备、变电设备、配电设备和公共设备五大类，其中发电设备是指发电机、电动机、逆变器等设备，供电设备是指各种电压等级的电线电缆、互感器、变压器等；下游主要是电网企业，包括发电厂、输电网、变电站和配电网等，贯穿发电、输电、变电、配电和用电等环节。

7.2.1 标识解析实施架构

电力装备行业标识解析实施架构是指导电力装备企业进行数据标识、解析、应用的指导性说明。该架构明确了生产制造、设备组装和运行维护三个关键环节中的数据标识重点和典型应用模式。

电力装备行业标识解析应用的重点在企业节点侧。在生产制造环节中，工业软件与生产设备是数据流转的主体，在传统工业软件数据库的基础上，通过对数据进行统一标识，完成数据的厂内、厂外转换，增强数据的可流通性。

在设备组装环节中，零部件仓储、物流信息是数据流转的主体，通过对物流信息、仓储信息、运输信息进行唯一标识注册，可以无缝衔接零部件生产制造环节，并为后续的产品信息追溯、动态管理、远程维护提供数据条件。

在运维环节中，电力装备是数据流转的主体，运维人员、远程数据采集人员和监督人员围绕电力装备进行数据交换，通过标识解析体系，一方面可以方便完成远程抄表等操作，另一方面可以实现对电力设备的状态监测和维护，降低人员成本，提升业务自动化水平，提高处理效率。

7.2.2 标识对象分析

电力装备行业标识对象包括实体对象和虚拟对象，覆盖电力装备供应链、产业链，以及产品的生产、制造、销售、使用、监测等环节，由发电设备、输电设备、变电设备、配电设备、人员、工艺、物料、环境等对象组成。

标识可以通过二维码、RFID 标签（有源、无源）、NFC、主动标识载体等多种载体方式，依据实物资产的物理特性（如尺寸、安装部署位置等）、资产价值（低值易耗、贵重资产等）、企业信息化系统需求等实际情况选择合适的标识载体。

7.2.3 标识数据应用

围绕智能电网和数字能源，电力标识数据可以广泛应用在配电网运行、配电网规划、用电服务与管理、社会经济和相关政策等方面，根据服务对象不同，可分为面向电力公司类应用、面向电力用户服务类应用和面向政府决策支持类应用。

1）面向电力公司类应用

面向电力公司类应用包括停电管理、配电网运行状态评估与预警配电网故障定位、负荷预测、电网规划、收益保护、资产及供应链管理、电力巡检等。

2）面向电力用户服务类应用

面向电力用户服务类应用包括电力用户用电行为分析、需求侧响应、能效分析、供电服务舆情分析等。

3）面向政府决策支持类应用

面向政符决策支持类应用包括社会经济状况分析与预测、政府决策支持与相关政策评估，如电价政策、新能源补贴政策等合理性评估。

除了上述三类应用，还有面向第三方提供区域房屋空置率分析、面向电力用户的精准营销辅助决策、用户信用评估等各类应用。

7.2.4 应用案例——电网资产全生命周期管理

7.2.4.1 应用需求

第一，资产管理任务重的问题。电网公司作为重资产企业，其资产通常包括输电线路、变电设备、配电线路及设备、用电计量设备、通信线路、自动化控制设备及仪器仪表、发电及供热设备、水工机械设备、制造检修维护设备、生产管理用工器具、运输设备等。资产管理具有资产分散、使用部门多、使用地点范围大、数量多、技术更新快、生命周期长等特点，给企业资产管理部门准确评估资产状况、做出合理决策带来难度。另外，资产管理存在数据壁垒，电网资产的建设管理、运维管理和价值管理分属不同的职能部门，各职能部门分工过于明确，导致资产频繁变动，资产信息无法在各个业务信息化系统中进行有效衔接和管理。

第二，资产编码不统一的问题。由于电网资产不同阶段管理的专业属性、业务颗粒度存在天然差异，因此不同业务资产管理信息标准不一致，跨部门业务协同与信息共享不足，数据质量不高、关联度差，让资产信息无法"一码到底"，无法支撑公司决策和各级管理的需要。

7.2.4.2 解决方案

针对电网公司在资产管理领域的实际业务需求、痛点及问题，可以采用工业互联网标识注册和解析技术，建设基于标识编码的电网资产全生命周期管理系统，实现"一码通全网"的资产管理目标。

一方面，通过在采购源头为设备进行赋码，并使用一套编码贯通设备从电网规划、工程建设、生产运行到退役的全过程，完成设备技术参数信息在各业务阶段的自动流转，打破物资信息在企业内部不同业务部门、不同阶段，以及企业与其他上下游合作商之间的数据壁垒，实现资产全生命周期数据的贯通共享。

另一方面，通过结合设备编码和 RFID 技术或主动标识载体，实现对设备标识编码的自动读取、解析，减少跨阶段业务数据的重复录入，提升电网公司账、卡、物管理水平。电网资产全生命周期解决方案如图 7.2 所示。

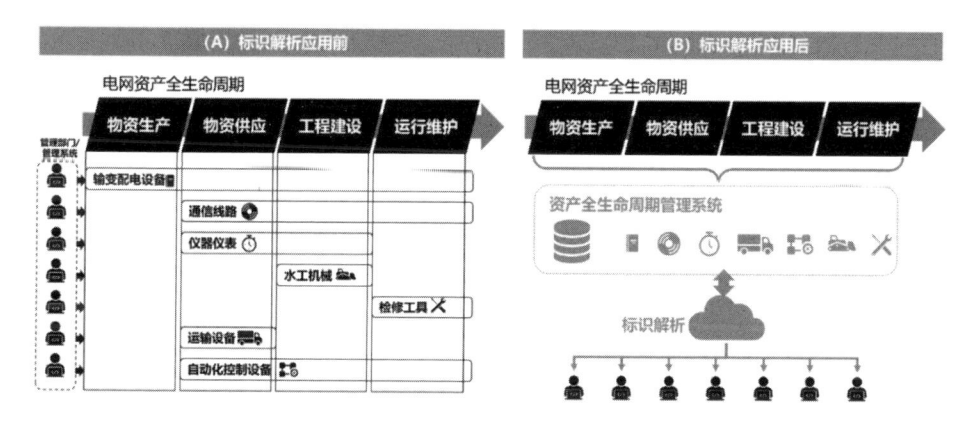

图 7.2　电网资产全生命周期解决方案

来源：工业互联网产业联盟，《工业互联网标识行业应用指南（电力装备）》。

7.2.4.3　实施成效

为进一步提升跨阶段数据流转水平，减轻基层班组负担，提高工作效率，某电网公司在某些分公司内开展了基于设备标识的物资全生命周期管理系统的试点项目。

通过综合应用 RFID 标签、标识解析、移动应用等工业互联网标识解析技术，使设备投运时的台账录入工作量减少 70%以上，设备巡视效率提高 50%，资产盘点效率提高 40%以上。本试点项目的实践是标识解析技术应用在企业资产管理领域，以及标识编码与 RFID 技术相结合的有益探索，对于电力及其他行业领域资产管理也具有积极的参考应用示范价值。

7.3 船舶行业

船舶行业是参与水上货物运输、客运、海上油气开采和加工、能源储存、水上作业施工等生产活动的行业。该行业涉及国民经济行业分类 C（制造业）门类下的 37（铁路、船舶、航空航天和其他运输设备制造业）、38（电气机械和器材制造业）、40（仪器仪表制造业）、43（金属制品、机械和设备修理业）大类[29]。

7.3.1 产业链

船舶产业链主要包括船舶与海洋工程装备设计、配套设备制造产业、船舶与海洋工程装备制造、船舶与海洋工程装备应用产品、维修保养服务五个环节。

在船舶产业链中，上游为船舶与海洋工程装备设计、原材料与配套设备供应；中游为船舶与海洋工程装备制造；下游为航运、开采、储备、维修等产品应用与服务环节。船舶产业链从产品设计开始，运用 CAD、CAM 等工程软件开展船舶、海洋工程装备的设计，以指导船舶建造工艺过程，明确船体材料、设备的选型。在建造阶段，首先按照设计要求，将钢材等原材料切割成零部件，然后对零部件进行焊接，形成分段的船体结构，最后将各分段的结构总装成船舶与海洋工程装备主体。其中，船舶作为一座移动的水上城市，还装备有动力设备、救生设备、通信导航设备、各种甲板机械、航行控制设备等专用设备，以及满足船上生活需要的各种生活设施。产品应用主要涉及航运业、渔业生产、水上工程建设、海洋油气开采储运等，同时在应用过程中还涉及船舶与海洋工程装备的检测和维修保养服务。

船舶产业链的核心环节是船舶与海洋工程装备制造，围绕核心环节，关联装备制造业、通信行业、能源产业，以及家电、材料、工业软件等诸多行业，形成复杂多样的产业链条，对制造业的整体发展起到拉动作用。

现代造船技术以计算机技术和数字化管理为基础，统筹优化，合理组织中间产品的生产，实现总装造船模式。现代造船技术强调传统体制与模式的变革，力求实现工作管理精细化、生产技术创新化和管理模式现代化，从而促进造船生产效率的提高与生产效益的提升。

造船工业面临诸多挑战，如在数字化转型方面面临船舶数据安全及应对的挑战、工业设备终端联网率低对于跨企业协同与跨地域协同的挑战、船舶建造全面综合控制水平低所面临的挑战、在数字化转型方面缺乏统一的战略规划所带来的挑战、船舶行业数字化转型亟须突破设备设施全面连接瓶颈的挑战等。

迎接挑战的变更方向之一是以船舶行业工业互联网标识解析二级节点及服务平台为纽带，助力产业链高质量发展。

7.3.2 标识对象分析

结合船舶行业的实际应用及船舶行业的物料管理系统信息，对标识对象进行分类，分类如下。

1）船舶行业设计类

船舶行业设计类主要包括设计图纸、部件清单、设计软件等。

2）船舶行业资材备件类

船舶行业资材备件类主要包括动力设备、阀门、电机、电器、电池、电气元器件、电缆、紧固件、金属材料、橡胶材料及制品、化工原料及制品、铸锻件、设备备件等。

3）船舶行业加工设备类

船舶行业加工设备类主要包括船舶制造设备，如焊割设备、吊装设备、起重设备、物流设备、切削机床、铣床、钻床、刨床等。

4）船舶行业工艺装备类

船舶行业工艺装备类主要包括船舶制造过程中使用的工具，如手动工具、风动工具、电动工具、刀具、夹具、量具、模具、辅具，以及检测设备、数据采集设备等。

5）船舶行业转运设备类

船舶行业转运设备类主要包括船舶制造厂房与库存管理相关的 AGV

（Automated Guided Vehicle，自动导引车辆）、叉车、托盘、仓储设备、集装箱等。

6）船舶行业产品部件类

船舶行业产品部件类主要包括船体类和舾装件类，其中船体类主要包括船舶分段、焊缝、船舶产品等，而舾装件类主要包括锚泊设备、救生设备、水下抢修设备、消防系统、门、窗、梯、盖、舵机、应急操舵装置、锚绞机、船用起货、起重机等。

7）船舶行业账票类

船舶行业账票类主要包括订货单、收货单、入库单、出库单、工作交接单、检验数据报告、溯源工单、设备点检表、设备维修单等生产与销售环节的账票。

8）船舶行业人员类

船舶行业人员类主要包括船舶生产企业及产业链上、中、下游企业的设计、制造、质检、物流、维修等相关人员。

7.3.3 应用案例——船舶制造智能化管控

7.3.3.1 应用需求

第一，需要更合理的生产资源整合与生产计划制订。船舶配套产品制造大部分属于传统的机械加工行业，信息化和自动化水平较低，但生产所需的设备、工装、刀具的类型多，工艺路线复杂，设备状态统计困难，生产计划及排产大多由人工处理。如何根据生产现场设备的情况、人员的情况、生产资源的情况制订合理、科学的生产计划是关键问题。通过应用各类信息化、数字化、自动化等手段和技术，能够实现船舶制造行业的智能化转型升级，提高生产效率，降低能耗和生产制造成本。

第二，需要质量检测数据的共享流转。由于船舶整体制造流程复杂、工序繁多、操作人员流动大等特点，以致各工序间关联性不强，缺乏质量检测数据的共享流转，给内部质量检测数据回溯带来很大困难。在船舶建造过程中，需要将包含内部检测合格的报验项目的外检报验单提交给船级社等第三方机构出具相关意见。总装厂、第三方检测机构、船东的相关检测数据都保存在各自的系统或纸质存档文件中，没有形成船舶质量数据的共享流转，质量检测数据回溯难度极大，给船舶制造环节的物料选型、工序安排、人员安排及订单计划等排产工作带来很大挑战。

7.3.3.2 解决方案

根据总装厂、第三方检测机构、船东的船舶质量检测报告的信息，通过标识解析多角度、全方位地发现产品自身及产线问题，反馈企业内部信息系统，完成问题分析工作。结合总装厂自身员工、物资备件及生产所需设备的现有状态，通过标识解析及数据采集操作，经总装厂企业信息系统完成数据分析，根据质量检测数据反馈的问题，针对性地完成船舶制造产线的优化配置，提高生产效率，合理配置库存，实现船舶制造企业产线的智能化管控，达到降本增效的目的。船舶制造智能化管控的解决方案如图 7.3 所示。

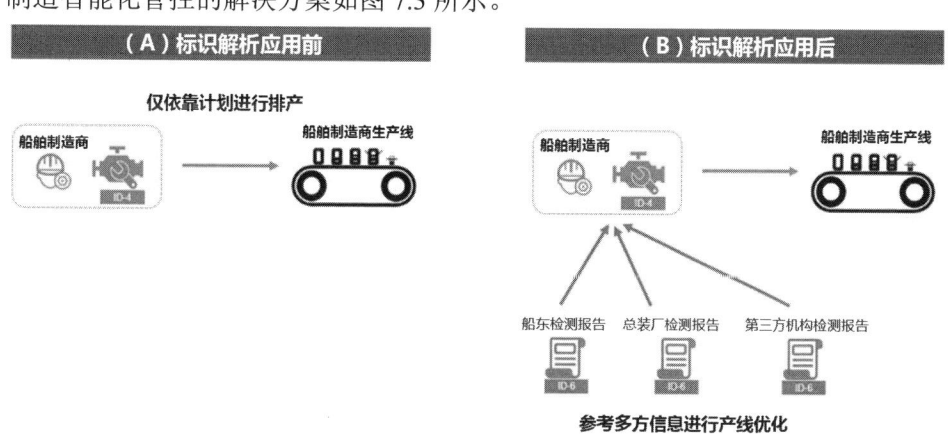

图 7.3 船舶制造智能化管控的解决方案

来源：工业互联网产业联盟，《工业互联网标识行业应用指南（船舶）》。

7.3.3.3 典型案例

某液压机电有限公司高端液压伺服系统数字化车间以产品溯源为核心，围绕一物一码标识和设备数据采集实现液压产品生产过程的可追溯。通过与 ERP 集成，实现生产订单下达车间 MES，并将相关生产信息反馈给 ERP，实现整个业务系统的集成。

数字化车间实现了产品设计/工艺设计数字化、制造过程数字化、装备/设备数字化、物流数字化。通过部署车间物联网和通信网络实施，实现车间各个设备的互联互通；通过主数据字典，实现信息与管理系统的集成；通过实施制造执行系统，实现生产过程管控和可视化管理；通过实施数据采集和数据处理等，实现生产数据分析和数据决策；通过自动激光二维码打标、扫码、数字化检测，实现产品一物一码和质量追溯；通过质量检测报告反馈，综合产线当前资源，完成产线优化。

7.3.3.4 实施成效

（1）生产过程全程追溯，实现设备数据采集；

（2）自动化生产装配，提升质量；

（3）自动排产，降低人工工作量；

（4）与企业信息化系统集成，订单透传至产线，管理透明化。

7.4 汽车行业

汽车行业囊括所有生产和销售类汽车（如乘用车、商用车）及其零部件等汽车产品的企业。汽车制造业的行业代码是 36，该行业共涉及 8 个子行业，分别是汽柴油车整车制造、新能源车整车制造、汽车发动机制造、改装汽车制造、低速汽车制造、电车制造、汽车车身和挂车制造、汽车零部件及配件制造[30]。

从产业规模来看，汽车行业是国民经济重要的支柱产业，其产业链长、关联度高、就业面广、消费拉动力大。汽车行业一直被当作工业发达国家的经济指标，在社会发展中发挥着极为重要的作用，反映了国家的综合工业水平。从整车制造，到零部件制造、汽车维修，再到汽车"后市场"、新能源汽车、智能汽车，汽车行业一直是产业升级、产业转型和产业发展的关键抓手之一。

7.4.1 产业链

汽车行业的整体产业链关联着百余个相关产业，主要包括汽车装备制造业、汽车零部件相关产业、整车制造产业、汽车后市场服务及贯穿全过程的物流服务。在汽车产业链中，上游主要为汽车原材料和零部件供应，以及技术支持，中游主要为汽车整车研究设计和整车制造，下游主要为汽车销售租赁等后市场服务，以及贯穿产业链的物流、配套设施等。

汽车产业在智能化、电动化、电商化和共享化的需求驱动下，多元融合、产业链协同发展态势日益凸显。汽车产业链全面智能化促使其核心价值向上游转移。在传统汽车时代，汽车产业链的核心环节集中于整车制造环节，整车制造企业在汽车产业链上具有较强的议价能力，它利用庞大的保有量来发展具备核心竞争力的车厂及供应商，吸取提高行业竞争力和技术本地化的经验，通过供应商助推整车制造企业自主品牌打造自身的竞争力。随着汽车产业发展进入数字新时代，汽车的"三大件"由原来的发动机、变速箱和底盘变成了电池、电机和电控，车身的整个机械结构被极大简化，核心价值变成了软件。在此背景下，产业链的定价机制发生变化，上下游的关系也发生逆转，智能化和电动化导致汽车产业链的话语权向上游转移。汽车产业参与主体愈加多元化，产业从链式结构向网状生态重构。汽车产业链将由传统零部件、整车研发生产及营销服务企业之间的"链式结构"，逐渐演变为汽车、能源、交通、信息通信等多领域和多主体参与的"网状生态"。例如，人脸识别、高精度地图等数字系统的引入促使汽车企业需要跨界寻找供应商，与消费电子和信息通信等新技术领域的供应商合作，采取全新的合作模式。在汽车产业链的重构过程中，软件类企业迭代式开发新产品的敏捷开发模式也会被引入，这将加快汽车产品的更新周期。

7.4.2 行业特点

新车技术更新迭代加速，给原有制车模式带来冲击。新车的更新换代与技术升级速度越来越快，人车交互软件、远程通信等发展迅速，传统的技术已无法跟上快速的市场节奏。

汽车产业链上下游孤立，制造协作问题凸显。传统车企在产品研发设计、生产制造、销售服务等环节中一般采用分步骤实施信息化的方式，导致不同应用往往采取不同的架构、软件和数据方案，影响上下游协作。

汽车设计周期长，用户需求响应慢。传统车企的产品设计周期长，其研发设计更注重制造成本而非客户体验。在汽车行业向服务化和智能化转型的大趋势下，智能功能和服务需求的更新周期越来越短，汽车产品的研发与功能迭代提速。

汽车产业链条长，产品质量管控难。传统车企的产业链上下游之间往往是相对独立的个体。产品设计、生产与销售、服务等环节相互脱离，导致产品的质量与服务难以把控，同时，由于信息缺乏互联互通，客户需求无法被迅速及时反馈，因此上下游厂商和销售终端无法协同创新、优化资源。

7.4.3 转型方向

在全球数字化浪潮的席卷下，传统汽车行业的生产模式、制造模式、服务模式都面临着前所未有的挑战。这些挑战一方面来自基于新数字化技术的新兴车企，涉及自动驾驶、新能源、车联网等汽车产业新方向；另一方面来自共享移动/服务商，旨在满足用户个性化的用车体验，这就迫使汽车行业进行以下变革。

1）设计研发数字化，提高智能化和精细化水平

满足以新能源汽车和自动驾驶技术为代表的汽车电动化与智能化的需求，同时应对汽车产业链的分工细化和不断外延，以及与数字化新技术融合过程中遇到的挑战。建立数字化协作创新平台，以支持异地、跨国及跨产业链的研发协同，打造数字核心架构，实现数据的全链路交互，提高汽车和相关产品设计研发的智能化与精细化水平。

2）生产制造数字化，提高汽车制造智能化水平

构建汽车智能工厂，不断抓取、整合、分析标准化的统一数据，以加强业务决策的可预见性；快速融合人工智能、数字孪生等技术，使生产制造流程更加灵

活、更加智能；构建汽车产业的智能开放平台，互通有无、共同发展，充分发挥平台的网络协同效应。

3）服务体验数字化，满足多方用户新需求

该变革主要包括汽车后市场服务和出行服务两个方面。一要借助云平台、大数据、物联网、无线通信等技术和工业互联网实现数据互通，满足消费者的个性化需求；二要借助传感技术和人工智能，实现产品的预防性维修维护，并提高备品备件的供应效率，提升销售需求的预判能力，最终创造新的利润空间。

4）产业协作数字化，促进汽车产业全链互联互通

设计研发数字化、生产制造数字化、服务体验数字化这三个维度的交叉需要高效的协同网络，这是汽车行业实现创新转型、产业升级的关键。通过标识解析体系建立一个统一的汽车协作网络，以实现产业协作，赋能汽车产业发展。

通过对汽车产业链的分析，面对汽车行业的发展趋势，可以总结出汽车产业上、中、下游全环节存在的典型应用模式。从产业链角度分析，存在供应链管理、质量溯源两种应用；从质量优化角度分析，存在设计反馈、制造过程监测和流程管控优化三种应用；从服务延伸角度分析，存在个性化定制和车路协同两种典型应用。

7.4.4 标识数据分析

与汽车行业解析相关的业务数据产自汽车行业关键环节，同一标识对象可能存在不同的环节，且不同的环节会产生不同的业务数据。设计环节业务数据产出集中在概念设计、工程设计、样车试验阶段，采购环节业务数据产出集中在零配件采购、质量检测等环节，仓储环节业务数据产出集中在入库、储存、出库等阶段，生产组装环节业务数据产出集中在排产、冲压、焊接、涂装、总装、检测阶段，运输环节业务数据产出集中在装车、卸货等阶段，服务环节业务数据产出集中在售后服务和延伸服务阶段。

标识解析体系在汽车行业应用的目标之一是完成全产业数据链的标准化并实

现工业大数据的共享，从而在应用中挖掘数据的价值。

业务数据类型一：汽车行业人员类数据，主要包含设计、采购、仓储、生产/整机、运输、服务6个环节的数据。该类数据应用于汽车行业人员内部管理，实现人员的工作分配，如图纸设计、原材料采购、机床操控，以及整车销售与售后维修；使用标识解析后能够赋能汽车行业业内管理，优化企业内部人才队伍，有效实现企业降本增效。

业务数据类型二：汽车行业机器设备类数据，主要包含设计、仓储、生产/整机、服务4个环节的数据。该类数据主要应用于汽车行业设计环节的参数配置、生产/组装环节的排产生产和操作、仓储环节存储调用，以及服务环节售后保障；使用标识解析后能够对设备、产品更加合理的维护保养进行有效指导，延长设备使用寿命，并且提前识别、预判潜在风险，保证设备经济稳定运行。

业务数据类型三：汽车行业原材料备件类数据，主要包含设计、采购、仓储、生产/整机、运输、服务6个环节的数据。该类数据主要应用于汽车行业设计环节零备件规划、生产环节相关零部件的使用消耗、仓储环节相关零部件的存储情况、原材料运输情况，以及销售联动；使用标识解析后有利于汽车整车及所包含的零部件实现完整的产品追溯，能够提高企业汽车生产效率，加强对零部件等原材料的管理。

业务数据类型四：汽车行业生产规则类数据，主要包含设计、采购、仓储、生产/整机、运输5个环节的数据。该类数据主要应用于对汽车市场需求信息的有效管理、汽车新品的原始设计追溯、设计阶段验证与质量管控、设计质量问题追责等；使用标识解析后能够提升产品竞争力，提高生产与售后服务效率。

业务数据类型五：汽车行业生产环境类数据，主要包含仓储、生产/整机、运输3个环节的数据。该类数据主要应用于存储、生产、运输所需环境要素记录；使用标识解析后能够减少生产损耗，提高产品质量。

为建立各类对象全生命周期的数字画像，需要对多维对象属性数据进行系统梳理，并规范属性数据的组织形式和描述方法。根据工业互联网标识数据模型，汽车行业标识应用企业可基于该建模方法，建立生产全要素的数字模型，并定义属性数据的元数据规范，从而实现企业内部的数据管理，以及企业外部的信息交互。

7.4.5 应用案例——新能源汽车电池溯源与回收

7.4.5.1 应用需求

随着新能源汽车的推广与普及，电池报废量将不断攀升。由于电池全生命周期的溯源涉及许多企业和环节，且各方的合作纵横交织，因此要实现整个数据的整合，各企业之间会存在大量的对接工作，产生重复投入人力物力、耗时久等问题。

7.4.5.2 解决方案

利用标识解析技术，采集动力电池在生产、检测、装配、运行、售后、换电、回收、报废环节中的数据，并进行标识码注册和关联，明确从电池原材料厂商、制造商（含电池单体、电池模块、电池包的制造商）、整车厂商到电池维修、回收服务商的核心责任主体，通过唯一标识实现对每块动力电池全生命周期的追溯。

7.4.5.3 典型案例

某通信技术有限公司依托工业互联网标识解析体系，构建"电池标识解析集成应用平台"，实现对动力电池在生产、检测、装配、运行、售后、换电、回收、报废环节的数据贯通，进而面向电池生产、电池组装、主机厂、电池回收企业、汽车销售网点、汽车维修网点、消费者提供不同维度和不同权属的数据查询、数据分析、数据溯源、事件记录及异常告警、工艺分析、回收分析、生产异常分析等服务应用。

在工艺分析场景下，主机厂可以摆脱原来单纯的组装厂的身份，实现对不同批次电池使用情况的动态对比分析。

在生产异常分析场景下，基于电池的故障数据与生产全过程数据打通，实现电池寿命异常分析、电池生产合格率异常分析、电池故障率异常分析，降低新能源汽车的电池故障率，提升质量水平。

在用户分析场景下，基于电池的位置和状态数据分析，可由主机厂和维修机构来分析运行状况及故障原因，针对性地提出驾驶优化建议和维修方案，在配套设施方面给充电设施机构提供指导充电环节的设施建设和电力调配。

在回收分析场景下，基于电池使用、故障、异常、维修、更换的数据，为运营商提供电池的历史健康状况，有针对性地实现梯次利用分析。

7.4.5.4 实施成效

利用新能源汽车监督平台建立电池标识解析机制，做到电池全生命周期的可追溯。同时可以引导梯级利用企业与电池企业融合发展，做到再生利用企业与资源材料企业融合发展。

7.5 石化行业

石化行业是指从事石油化工相关性质的生产、服务单位或个体的服务组织结构体系的总称，主要是将原油、天然气加工为包括燃料油、润滑油、液化石油气、石油焦炭、沥青、石蜡、塑料、橡胶、纤维，以及各类化学品等在内的各类石油产品和化工产品，并对它们进行储运和销售。石化行业涉及国民经济行业分类中C（制造业）门类下的25（石油、煤炭及其他燃料加工业）、26（化学原料和化学制品制造业）、27（医药制造业）、28（化学纤维制造业）、29（橡胶和塑料制品业）、34（通用设备制造业）、35（专用设备制造业）七个大类[31]。

7.5.1 产业链

按照石油化工产品的生产制造流程，石化行业可分为上游采运、中游炼化和下游销售三部分。上游是指石油天然气的勘探和生产环节，中游是指对原油的炼制，以及进一步化学加工的过程，下游是指中游获得的各类产品的仓储物流和销售使用。根据加工过程中原料、加工方式和产品的差别，可将中游细分为石油炼制和石油化工两大环节。石油炼制简称炼油，是指石油在不同温度、压强条件下通过蒸馏的方法获得产品的过程。炼油产品以油品居多，主要包括各种燃料油（汽油、柴油、煤油等）、润滑油，以及液化石油气、石油焦炭、硫磺、沥青、聚丙烯等。

石油化工是在石油炼制的基础上，通过进一步化学加工炼油过程提供的原料油获得的。生产石油化工产品首先需要对原料油和气（如丙烷、汽油、柴油等）进行裂解，生成以乙烯、丙烯、丁二烯、苯、甲苯、二甲苯为代表的基本化工原料；然后使用基本化工原料生产多种有机化工原料（约 200 种）及合成材料（塑料、合成纤维、合成橡胶）。

7.5.2 行业特点

1）产业发展呈现周期性

随着近年全球经济增长放缓，以及新能源结构改革，石化行业增速也逐渐放缓。中国、印度等新兴经济体的发展已经在过去几年持续推动全球石化行业保持一定的发展态势。未来，这些经济体将以庞大的人口基数和强大的内需增长动力继续推动化工市场前进。

2）化工原料来源多元化

石油化工是现代化工的主导产业，但以煤、生物质资源为原料的替代路线随着关键技术的不断突破，在成本上比石油原料更有优势，同时美国页岩气（油）冲击着全球石化生产体系，对国际石化产业格局产生了重要影响。石化产业的原料多元化成为石化产业发展现状。

3）下游需求高端化

能源、交通、建筑、医药、信息产业等主要下游行业对化工产业提出了更多新产品、新性能、新应用的要求，而能源、交通、信息产业又与化工产业相互结合渗透，促进了化工产业工艺、装备、集成度和智能化水平的提高。

4）发展模式趋于规模化和一体化

国际上已形成综合性石油石化公司、专用化学品公司，以及从基础化学品转向现代生物技术化学品的三类跨国集团公司的巨头竞争格局。同时，随着工艺技术、工程技术和设备制造技术的不断进步，全球石化装置加速向大型化和规模化方向发展。

此外，炼化一体化技术日趋成熟，产业链条不断延伸，基地化建设成为必然，化工园区成为产业发展的主要模式。

5)"双碳"政策影响产业格局

石油化工行业作为碳排放较高的行业，通过"清洁替代、战略接替、绿色转型"的总体部署和非化石能源产业的市场拓展，在布局新能源、新材料、新业态，努力构建多能互补新格局的过程中，标识解析体系将会发挥重要作用。

7.5.3　变革方向

石化行业主要围绕研发设计协同化、作业现场智能化、生产运营一体化、贸易销售平台化、节能减排技术化五个方向，推动数字技术与生产经营管理深度融合。

1）研发设计协同化

利用虚拟现实、增强现实、认知计算等数字技术手段，集成专业软件建立协同研究环境，实现跨专业、跨部门高效协同，提高科研成果的产出效率和效益。

2）作业现场智能化

在生产作业现场，利用工业互联网、无人机、人工智能等技术，在边缘端全方位实时感知和远程操控，转变生产运营方式，降低作业成本和风险，提高作业安全水平。

3）生产运营一体化

运用大数据、数字孪生、人工智能等技术，建立智能高效的生产计划执行体系，搭建可视化调度指挥平台，实现全局效益最优的计划调度和一体化协同管理。

4）贸易销售平台化

产品贸易、市场销售等业务以数字化平台为基础，整合内外部信息数据，支撑产品资源配置、贸易风险防控；加强线上线下多渠道销售创新，做优贸易资源，做大客户群体，扩展商业模式。

5）节能减排技术化

提升清洁生产工艺，提高能源使用效率，降低"三废"排放，通过与产业集群、数字化、互联网技术结合的方式促进产业绿色发展。

7.5.4 标识对象分析

石化行业包括石油产品、化工产品、专用设备、通用设备、原材料、专用工具及配件等实体对象，以及工艺、订单、报告文件等虚拟对象，为满足石化行业数字化转型需求，需要对各类对象进行编码、标识和信息采集，以实现物理世界的数字化描述，其标识对象主要包括上游开采设备，中游炼化生产相关的原材料、生产设备、生产工艺、石油产品、化工产品，下游储运单元、销售订单等。

1）产品

（1）石油及产品。以石油或石油的某一部分做原料直接生产的各类产品，包括石油燃料、石油溶剂与化工原料、润滑剂、石蜡、沥青、石油焦炭等。

按照石油产品包装级别，对其外包装进行二维码标识，包装类型主要有油罐、油罐车、油船、铁桶、塑料桶、玻璃瓶、纸盒、铁盒、塑料袋、麻袋，以及敞车散装等。

（2）石油化工产品，包括原料油和气裂解生成的乙烯、丙烯、丁二烯、苯、甲苯、二甲苯等基本化工原料，以及基本化工原料生产的多种有机化工原料与合成材料等。

2）设备

设备标识可以采用先在设备铭牌上激光蚀刻二维码，再通过扫码终端现场采集的方式，也可以采用在设备中嵌入主动标识载体的方式。

（1）石油专用设备是指石油勘测、开采和输送过程中使用的各类设备，包括钻井设备、注采设备、勘测设备、集输设备等。

（2）炼油化工专用设备是指炼油、化工生产专用设备，包括炉、容器、辅助机械等9小类，但不包括包装机械等通用设备。

（3）石油专用仪器仪表是指用于石油勘测、开采、石油产品炼化、试验等的仪器仪表及其配件。

仪器仪表可采用二维码、物联网卡、通信模组等多种标识载体。

3）物料

物料是指石油炼化为化工产品所需的原材料（除原油、石油气体、基础化学原料以外的其他原材料）、生产加工的半成品、与生产相关的备品备件等。

按照物料包装级别，对其外包装进行二维码标识。

4）工艺

工艺是指石油炼化加工流程中涉及的各生产段的生产工艺、测量或采集的实时数据等对象。工艺标识一般直接存储在企业信息数据库中，无显性标识载体。

5）订单

订单是指产业链各环节管理系统中产生的采购、派工、物流等订单数据对象，当前未进行细分类。订单标识可以直接存储在企业信息数据库中，也可以在纸质单据中附加一维条码、二维码标识。

6）算法

算法是指对生产制造过程建模的模型数据对象。算法直接存储在企业信息数据库中，无显性标识载体。

7）文件

文件包括生产和管理过程中票据、记录文件、测试报告、资质证书、服务合同等文件形式的对象。

文件标识可以直接存储在企业信息数据库中，也可以在纸质文件中附加一维条码、二维码标识。

7.5.5 标识数据分析

石化行业标识对象全生命周期业务流程包括设计、计划、生产、仓储、运输、检验、销售、安装、使用、状态监测、维修、报废等关键环节。

石化行业对象属性值可根据各环节的业务需要进行组织。

产品类标识对象的属性数据一般包括主体信息（如生产企业名称、地址等）、产品基本信息（如产品 ID、产品名称、规格等）、技术参数信息、质检信息、文件信息、出入库信息、销售信息、物流信息、使用信息。

设备类标识对象的属性数据一般包括主体信息、设备基本信息、技术参数信息、质检信息、文件信息、装配信息、安装信息、使用信息、巡检信息、保养信息、维护信息、报废信息。

石化行业需要基于应用需求建立标识对象的属性数据模板，提供元数据共享服务。

7.5.6 应用案例——化工设备运行状况在线监测及预警

7.5.6.1 应用需求

故障设备维修周期长。化工企业普遍存在生产设备在线监测能力较弱，以及无法有效预测、主动感知、准确定位设备故障的问题。当故障发生后，自有维修人员综合能力不足，过度依赖设备厂商，难以及时进行故障排查和检修，导致设备故障维修周期较长，维修成本高。

关键设备养护成本高。企业对设备的管理能力不足，对维修成本、备件成本、养护成本、人力成本、设备绩效、备件库存缺乏科学合理的评估优化，无法实现合理的降本增效。

设备异构标识管理难。设备资产、备件工具等编码标识不一致，维修、养护、点检等执行方案不统一，设备能耗、投入产出比、碳排放等难以有效统筹，导致企业无法进行科学统一的管理、监测、风险防控和协同生产。

7.5.6.2 解决方案

基于石化行业解析系统建立设备及其部件运行状况数据模型,实现实时的状态监测与维护管理。

规范石化行业对象标识编码规则,借助行业及企业工业互联网标识解析节点,实现各类生产设备的统一标识注册,并结合设备技术及运行数据形成完备的设备信息,以唯一标识为索引构建设备数据管理服务。

加装传感器等实现设备运行信息实时收集,建立生产工况下的设备运行大数据分析模型,实现设备部件状态模型优化,并利用机器学习、模式辨识方法,辨识设备部件问题事件的时间序列及模式特征,给出维护与检修处理措施建议。

建立设备运行过程的隐患发生率、风险指数等关键绩效指标的数据模型,提供可靠的分析结果和指导建议。构建行业大数据,探索使用人工智能实现隐患预警及故障诊断。

建立状态模式库,并在以后的状态识别中进行自行匹配,以加快预测速度,提高准确度。

构建设备能效管理模型,对能耗指标进行监测,分析节能效率、设备使用效果等,基于科学数据分析确保安全、可靠、经济与高效的设备运行。石油炼化设备在线监测及预警解决方案如图 7.4 所示。

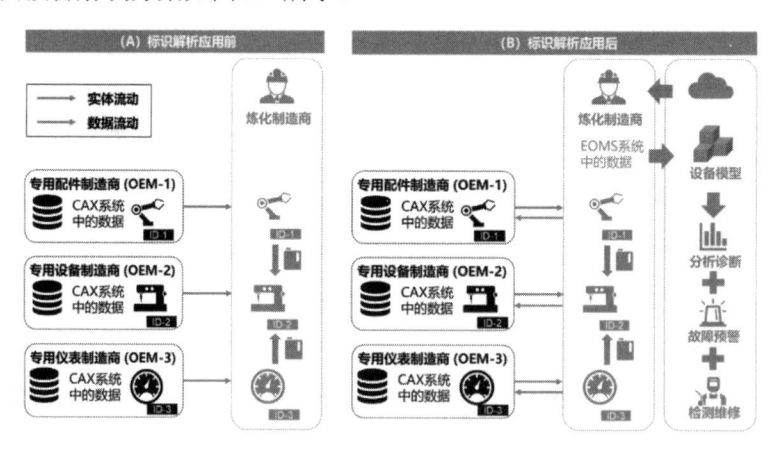

图 7.4 石油炼化设备在线监测及预警解决方案

来源:工业互联网产业联盟,《工业互联网标识行业应用指南(石化)》。

第七章 标识解析体系应用

7.5.6.3 典型案例及实施成效

基于工业互联网标识解析石化行业二级节点及服务平台，某公司建立了石油炼化设备在线监测创新应用场景。根据需求，将生产设备、测量仪表、传感器、智能终端、设备监测模型等作为标识对象进行数据梳理，标识解析体系与企业现有工业互联网平台融合集成，实现标识对象的注册和信息查询。在集团公司工业互联网平台架构上，开发设备在线监测管理相关微服务，使其具备云下的边缘计算能力、云上的中台能力与应用能力。

边缘层负责进行巡检设备接入、协议解析、边缘数据处理等。

数据交互及采集平台负责实现云下边缘层数据和云上业务系统数据的集成，同时负责状态监测系统与业务系统的集成。

结合设备状态监测模型和设备故障预测大数据模型，建成一套集多方位实时监测、多技术工具诊断、大数据预警、人机结合的设备监测管理系统。

石油炼化设备在线监测如图 7.5 所示。通过设备在线监测应用的实施，公司实现了基于统一标识解析的设备数据统一管理，以及端、边、云协同服务机制，打造了智能化设备状态监测和故障预警体系，提升了设备的可靠性，有效降低了设备运维费用。设备在线监测应用为核心生产装置的长周期运行提供了数字化条件。

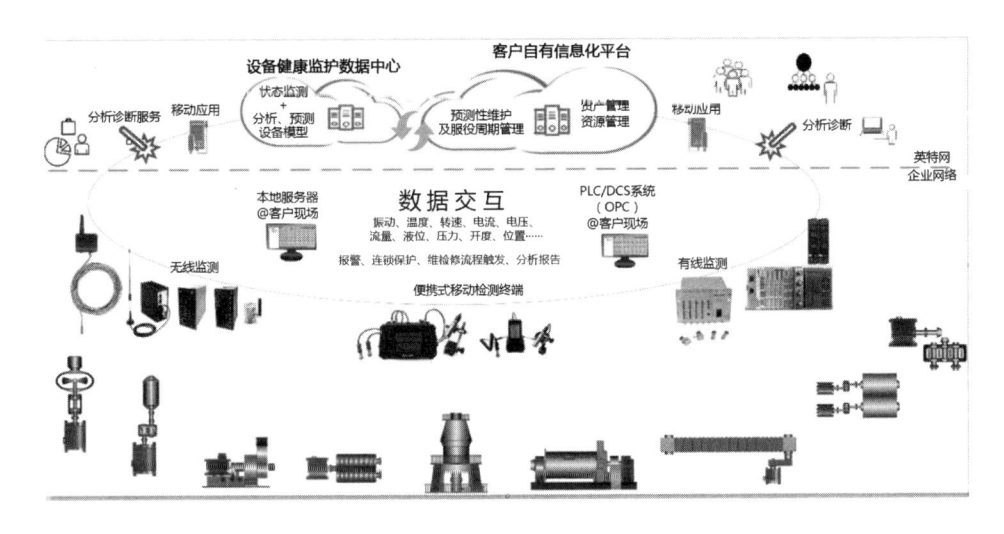

图 7.5 石油炼化设备在线监测

来源：工业互联网产业联盟，《工业互联网标识行业应用指南（石化）》。

7.6 供应链

供应链是以客户需求为导向，以提高质量和效率为目标，以整合资源为手段，实现产品设计、采购、生产、销售、服务等全过程高效协同的组织形态。

7.6.1 供应链和工业互联网

供应链是一个协调统一的整体，它由不同地域的供应商、种类各异的物料、多种多样的供应物流链等多个部分组成。

工业互联网在供应链中发挥的作用主要体现在以下三个方面[32]：

1）提供新型基础设施，加速供应链数字化转型

工业互联网提供了新型供应链基础设施支撑，为供应链数字化转型提供了必不可少的网络连接和计算处理平台，加速供应链的数字化进程。工业互联网赋能供应链多方面的数字化转型，包括供应链决策控制、供应链运营、物件数码化和管理标准化、全生命周期管理、采购，以及信用和金融、全局唯一编码等。

2）促进资源优化配置，推动产业价值链延长

工业互联网能促进各类资源要素优化配置和产业链紧密协同，帮助供应链上下游企业创新产品和服务研发模式、优化生产制造流程，不断催生新模式、新业态，延长产业价值链。

3）加强供应链可视化，形成全流程智能化供应链

工业互联网将促进传统工业制造体系和服务体系再造，推动物流运输、仓储全流程可视化，供应链全流程线上协作，形成以高度智能化等为显著特征的数字化供应链。基于标识解析体系的供应链是一个数字化网链结构，与传统供应链相比，在交互智能化、产品个性化、制造服务化、组织分散化、网络生态、对象标识等方面具有优势。

传统物理世界的供应链以供应商、制造商、分销商、零售商自身的企业目标为核心，虽有平面级的简单连通，但缺乏深度协同。工业互联网通过叠加无线通

信技术、区块链、标识解析、数字孪生、云计算、人工智能等新一代信息技术，将物理世界中的物流、信息流、资金流映射到以工业互联网为基础的数字世界中，通过上下游企业，以及终端客户的全面连接，实现以客户为中心的高效协同，应对市场变化的快速响应。

基于工业互联网的供应链立体式结构如图 7.6 所示。数字世界供应链将全链路、全流程打通的数据流，以及基于数据分析做出科学判断的决策流反馈给物理世界，指导物理世界供应链中各参与企业发现问题、解决问题。工业互联网通过实现物理世界供应链与数字世界供应链的双向映射、实时动态迭代，可赋能各行业供应链持续优化提升，数字化、网络化、智能化水平不断升级。

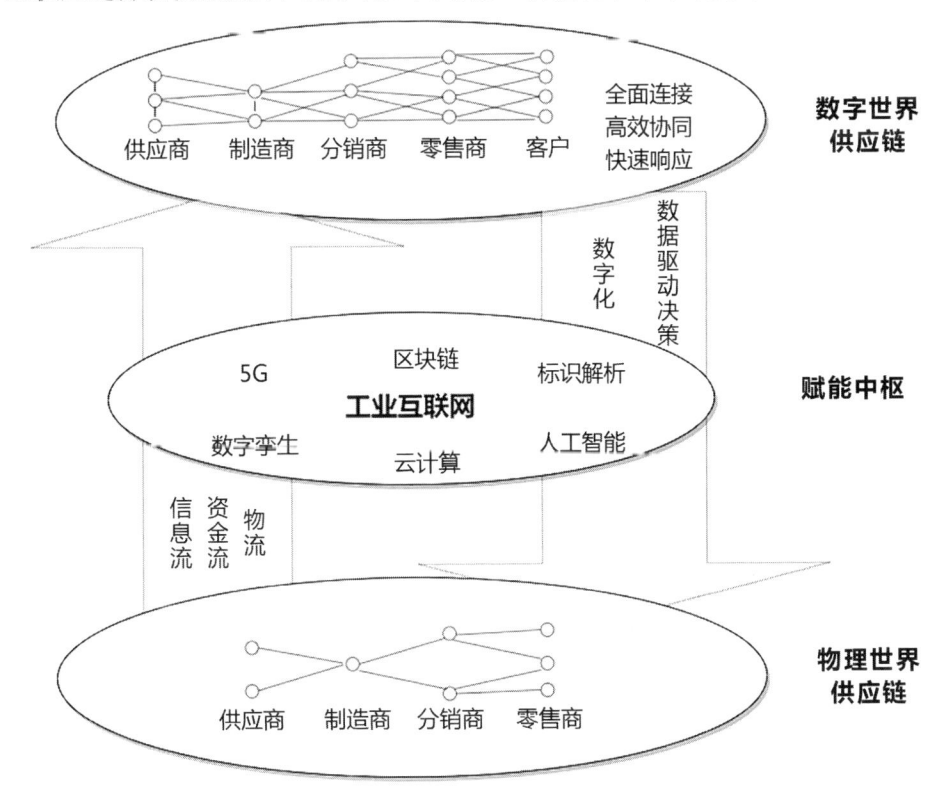

图 7.6　基于工业互联网的供应链立体式结构

来源：工业互联网产业联盟，《基于工业互联网的供应链创新与应用白皮书》。

使工业互联网在供应链领域发挥作用的重要工具之一是标识解析体系。

7.6.2 供应链和标识解析

传统供应链管理的优点是可以获得信息化的订货、验货、库存、销售和服务信息，通过信息的局部流通消除不必要的仓储、物流等，使供应链资源被更有效地利用，最终及时反应和交付客户的需求。

工业互联网标识解析体系是工业互联网整个体系中最重要的基础底座。在对产业链上的各个环节和部件进行数字化改造的基础上，通过对产业链上下游企业中所有生产要素进行统一全局标识和对各种相关数据进行管理，可以完成工业互联网的统一管理和智能管控，从而达到逐步实现提高产业效率、降低产业成本、增强产业竞争力的目的。

供应链和标识解析的应用场景举例如下。

1）智能化制造

标识解析结合工业大数据建模与分析、人工智能、区块链等新技术，形成基于产品追溯数据的智能化运营，实现产品使用信息与产品制造信息共享，促进智能化制造，使工厂内的设计、制造、库存、采购等数据一体化。

2）网络化协同

通过工厂内网络与工厂外网络的充分结合，以及企业内私有标识体系与公共标识解析体系的互联互通，促进工业品数据的充分流动与信息共享，实现企业间网络化协同，有效提升供应链竞争能力。

3）服务化延伸

标识解析体系使物联网感知系统、定位系统、工业信息系统全面结合，实现工业品数据的全方位感知、采集、关联和处理，形成防伪溯源、产品追踪、产品售后服务等丰富的应用形式，实现产品的全生命周期管理。

4）规模化定制

标识解析体系规模化定制的应用场景非常广泛，体系发展成熟后可在各领域中拓展形成满足个性化需求、低成本生产的大规模定制方案，为各行各业提供更多商业模式。

5）智能售后维护

通过标识解析实现一物一码，实现以产品为中心的数字化售后服务管理，帮助企业提高售后效率，降低服务成本，创造更多服务模式。

6）产品全生命周期管理

标识产品与标识解析、产品管理应用结合，跨企业汇集产品使用过程中全生命周期的工业数据，实现产品全生命周期规范管理。

7）产品过程质量管理

标识工业零部件，以实现快速、准确地追溯工业品及各组成部件的采购、加工、组装等信息，全流程管控产品质量。

标识解析的核心是标识。标识是供应链中流动的数据和实物拥有的全局唯一身份，为供应链各环节的操作留痕溯源及其他数字化、智能化发展提供了可能，这必然要求参与企业提高作业质量以满足客户需求。标识解析体系是各企业提高信誉最可靠的平台，能为提高整个社会、经济、生活的质量提供有力支持。

7.7 智能制造

面向智能制造业的标识解析体系是制造业智能化系统安全稳定运行的核心基础设施之一，主要内容包括制造业标识编码规则、注册管理规范、标识解析查询、标识数据管理等内容。

面向制造业的标识编码可分为公共基础标识、行业通用标识、企业内部标识等三个层次。

（1）公共基础标识是指跨越多个制造业行业的标识编码；

（2）行业通用标识是指制造业某一行业内部通用的标识编码；

（3）企业内部标识是指制造业某一企业内部使用的标识编码。

在制定制造业标识编码标准或规则时，可以考虑编码层次的划分。

7.7.1 部署架构

面向制造业的解析系统包括公共标识解析系统和本地标识解析系统两部分。

1）公共标识解析系统

公共标识解析系统部署在工厂外部网络中，通过与本地标识解析系统连接，实现跨企业、跨行业、跨地区的信息查询定位，如某跨行业二级节点、某集团企业二级节点。

2）本地标识解析系统

本地标识解析系统部署在工厂内部网络中，通过与工业软件系统连接，对机器设备、产品、算法、工艺等制造业的物理资源和虚拟资源的标识编码与标识数据进行采集、注册、管理。

7.7.2 生产环节应用需求

生产环节对标识编码与解析需求举例如下。

1）标识编码规则

至少在企业内部保证标识编码的唯一性，可以采用可扩展的不定长标识。

2）注册管理规范

对于生产设备等物理制造资源，应当在设备初次加入制造网络时支持标识动态注册。生产过程中产生的实时数据的标识应及时注册。

3）标识解析查询

应当通过设置访问控制等安全策略，保证用户对工艺、算法、仿真设备和过程数据的所有权与隐私权。

对于生产任务、生产设备的能力参数和工序等制造信息，原材料、在制品、成品等产品信息，仓库、库位等仓储信息，配送人员、配送车辆、配送目标等配送信息，应当支持企业内合法用户根据权限查询上述数据的网络位置或存储上述数据的信息服务器的通信地址，还应支持用户查询上述数据的元数据或数据本身。

查询效率要求主要针对支持智能化生产的计划与调度应用模式，应当保证标识解析查询响应时延不影响生产的正常进行。

4）标识数据管理

对于生产设备等物理制造资源，应当在设备改变网络位置时支持标识数据动态更新。应确保标识数据的物理安全和访问控制安全，积极采用必要的容灾措施。

7.7.3 应用模式

按照产品生命周期进行划分，制造业主要包括设计、采购、制造、销售、售后等一系列相互联系的价值创造活动环节，但不同行业的产品生命周期构成不尽相同。

在制造业向智能制造阶段发展演进的过程中，标识解析体系对制造业个同坏节中实现制造网络互联互通、制造信息共享共用均可发挥一定作用。由于制造业生命周期中各环节相互关联、相互影响，因此标识解析体系对制造业跨环节应用具有重要作用，特别是企业外网络中的公共标识解析系统。

智能化生产是通过操作技术、信息技术、数字技术的融合，对人、机、料、法、环五大生产要素进行管控，以实现从前端采购、生产计划管理到后端仓储物流等生产全过程的智能调度与调整优化的环节。制造业利用各种工业软件系统、设备和手段，以生产任务为核心，实现各生产要素和生产过程的智能管控。

生产环节开展标识解析应用的目的举例如下。

1）满足智能化生产的计划与调度

通过标识编码技术对下达的生产任务、生产设备的能力参数等数据进行识别区分与编码管理，通过本地标识解析系统查询对应数据的地址，从而可以根据生产任务灵活匹配工艺和模型，根据生产任务和生产设备的实际运行情况灵活调配生产资源，提高生产效率和生产质量。

2）满足智能化生产的仓储与配送

通过标识编码技术对原材料、在制品、成品等产品信息，仓库、库位等仓储信息，配送人员、配送车辆、配送目标等配送信息进行识别区分和编码管理，通过本地标识解析系统查询对应数据的地址，从而实现工厂内物料的合理存储、物流和出场配送。

3）满足智能化生产的质量与控制

通过标识编码技术对员工、工序等数据进行识别区分和编码管理，通过本地标识解析系统查询产品对应的负责员工、工序等数据的地址，从而实现对工序状态的在线检测，并根据标识数据的统计分析，找出有问题的工序，调整和提升工艺手段。

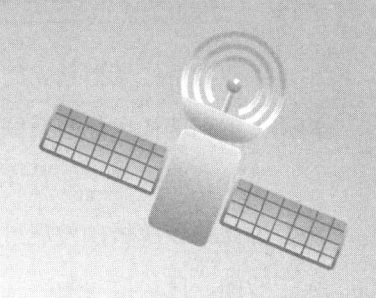

第八章　挑战、前景与未来

工业数字化转型最大的挑战在于它是一个涉及工艺改变、流程再造、IT架构构建、组织架构优化的系统性工程，是投入大、周期长的持续性项目。

工业互联网是工业数字化的重要组成部分，标识解析是工业互联网的基础设施，因此标识解析的发展过程必然与工业互联网的发展息息相关，必须持续融合人工智能、区块链等数字技术，使标识解析不仅是一个信息系统，还是一个持续迭代升级的智能化系统。

8.1 标识解析体系的挑战

标识解析体系的发展面临诸多问题和挑战，只有有效应对这些问题和挑战，标识解析才能逐步获得快速和规模化应用。

1）标识解析标准化缺乏

系统互联对接代价大。从标准完善的角度来看，标识解析体系标准还有很多地方需要完善。另外，由于标识解析体系编码标准众多，如Handle、Ecode、VAA等，不同企业采用的体系可能不同，因此标识解析体系需要横向兼容不同体系并形成有效纳管。

2）数据共享和互通困难重重，标识解析的商业价值无法有效发挥

该挑战主要源于企业隐私和数据保护形势依旧严峻。企业间数据链的打通和共享是发挥工业互联网价值的重要基础，如果数据无法打通和共享，则标识解析带来的商业价值仅限于企业内部，无法获得企业间的网络化协同、服务化延伸和个性化定制带来的收益。这完全背离了标识解析体系的初衷。

数据共享和互通面临的挑战举例如下。

（1）数据确权和保护难度大，立法需持续完善；

（2）缺乏数据统一规范，数据孤岛情况仍然普遍存在；

（3）企业间的信任关系薄弱，数据共享开放动力仍需提高。

3）产业链服务模式单一，缺乏与工业互联网配合的服务模式

随着标识解析等新业务的普及和实施，产业链上端到端的企业会增加大量关于标签信息加工与采集、标识信息应用于商品、基于标识的增值服务等新的行业服务需求。

目前传统制造业各产业链原有的服务模式比较单一，不存在与标识解析相匹配的相关服务模式，这不利于标识解析业务的开展和普及。

4）缺乏成功的标识解析应用，整个行业使用动力欠缺

从产业链成熟和标识解析实施成本的角度来看，标识解析体系的设备生产商、使用商、第三方服务商数量都比较少，产业链不够完善和成熟，服务质量较低，实施标识解析体系的成本较高。

从标识体系商业价值角度来看，实施企业需要了解工业互联网的商业模式和商业价值，需要花时间去认识标识解析体系的潜在价值，又由于短期内在标识解析体系落地过程中需要新增投入，并且短期效益很难体现，因此企业落地标识解析的动力不足。

8.2 标识解析的前景

标识解析像大众消费品一样，其优势依赖"规模效应"。在建设过程前期，短期内需要大量的资金和设施投入，以进行各类平台的搭建、行业资源的引流和整合，单单依靠少数企业和组织无法实现。有关部门根据各区域的行业优势，通过相关政策进行必要的投资和引导是一个重要环节。研究机构、传统企业与技术创新企业投入得越多，标识解析体系的发展就越快，最终成果也越具市场竞争力。

根据不同的市场主体，标识解析的前景主要体现在以下几个方面。

1）制造企业

特别是制造业龙头企业，依托资源、设备和工业经验方面的优势，建立面向制造业解决方案的各类工业互联网平台，包括标识解析体系，以整合行业资源，深化供应链上下游企业的合作。

2）工业服务企业

工业服务企业包括各类创新企业,可结合自己在数据建模和分析方面的能力,为客户提供个性化的业务咨询服务,辅助企业进行工业互联网和标识解析体系的实施与价值实现。

3）大型 ICT 企业

大型 ICT 企业拥有互联网云平台及相关技术,可以与工业生产企业合作,针对不同的工业场景,打造更多的定制化产品解决方案,如工业云平台。

4）软硬件开发企业

软硬件开发企业可以基于工业互联网或标识解析的微服务架构进行软件的开发、测试和部署,有效降低应用程序开发的门槛和成本。同时开放应用接口,吸引更多研发小企业参与开发,为企业提供更多基于工业互联网和标识解析的工业应用产品与个性化定制服务软硬件,并提高软硬一体化开发与交付能力。

5）需求客户

接入标识解析体系的企业可以通过工业互联网各类平台迅速对接需求,找到符合市场要求的合作伙伴,实现需求的精准落地,标识解析数据分析企业也可以为有需求的企业提供相关服务。

8.3 标识解析和工业智能

工业智能已成为全球共识与趋势,推进人工智能创新成为技术创新与融合应用的核心和共识。在标识解析体系建设过程中,积极引入工业智能技术可以促进标识解析体系的智能化。

工业智能发展的主要特点包括以下几个方面。

（1）高价值、高增速。人工智能赋能工业制造领域的潜力大、增速动能强劲,其系统本身及产出可以作为标识解析的业务对象;

（2）高普及。工业智能在工业发达地区已经实现较高的普及率,具有行业推

第八章 挑战、前景与未来

广价值；

（3）高认可。工业智能的应用场景不断拓宽，随着产业界的实践锤炼，在部分场景中形成了相对一致的价值共识。

与通用领域人工智能相比，工业智能的现状是技术进展逐渐同步，产业错位现象更加凸显，技术演进规律总体一致，工业领域跟随性逐步增强。一方面，技术创新-应用探索-工程化的大路径一致。从技术层面来看，工业智能是通用人工智能技术在工业领域的融合、延伸和具体场景化。另一方面，人工智能技术创新和工业领域融合应用之间的滞后周期不断缩短。

同时，工业智能与通用人工智能的创新重点不同。工业智能高价值应用通常集中在与机理强融合的场景中，如设备预测性维护、生产过程控制优化、基于知识的综合决策等，与具体行业、企业，甚至工厂产线的实际情况紧密相关，差异性较强。例如，人工智能在语音、自然语言处理（Natural Language Processing，NLP）等应用技术层面的创新和大模型构建等不是目前工业智能的探索重点，但是并不妨碍在工业生产中引入成熟的通用技术应用。

工业智能的发展趋势之一是面向更复杂问题、更高性能需求的核心赋能技术创新，特别是数据科学，围绕更复杂、更多样的工业问题，以深度学习为核心，持续开展创新挖潜，从电子游戏走向工业实践。

深度强化学习（Deep Reinforcement Learning，DRL）通过迭代试错，不断生成数据，机器使用这些数据来确定完成工作的最佳行动方案，聚焦解决制造业复杂决策执行与动态环境变化相关的场景，围绕决策优化形成多类探索。

在工业安全领域中，计算机视觉、深度学习等人工智能技术能够辅助实现工业现场主动安全，助力企业安全、稳健发展。积极发展工业安全智能是确保工业互联网和解析系统运行安全的关键步骤。

同时，标识解析体系收集的各类服务数据可以作为工业智能的知识来源。

标识解析体系中的各类节点管控模式可以从完全基于逻辑规则的程序模式，逐步转换为以逻辑规则为主、工业智能为辅的模式。

8.4 标识解析和工业区块链

区块链（Blockchain）以块-链结构存储数据，是一种由多方共同维护，使用密码学保证传输和访问安全，能够实现数据一致存储、难以篡改、防止抵赖的记账技术，也被称为分布式账本技术。作为一种在不可信的竞争环境中以低成本建立信任的新型计算范式和协作模式，区块链凭借其独有的信任建立机制，正在改变诸多行业的应用场景和运行规则，是未来发展数字经济、构建新型信任体系不可或缺的技术之一[33]。

区块链技术为工业互联网中数据要素的配置管理提供了新的解决方案，通过工业互联网的融合，区块链可以为设备身份管理、设备访问控制、设备生产流程管理、生产过程的可信追溯、分布式生产等多个场景和领域提供解决方案。

标识解析体系发展的挑战之一是隐私和数据保护形势依旧严峻。由于标识解析体系采集、存储和利用的数据资源存在数据体量大、种类多、关联性强、价值分布不均等特点，因此平台数据安全存在责任主体边界模糊、分级分类保护难度较大、事件追踪溯源困难等问题。同时，平台用户信息、企业生产信息等敏感信息存在泄露隐患，以及数据交易权属不明确、监管责任不清等问题，区块链技术能够为这些问题提供解决思路。

工业区块链应用图谱如图 8.1 所示。

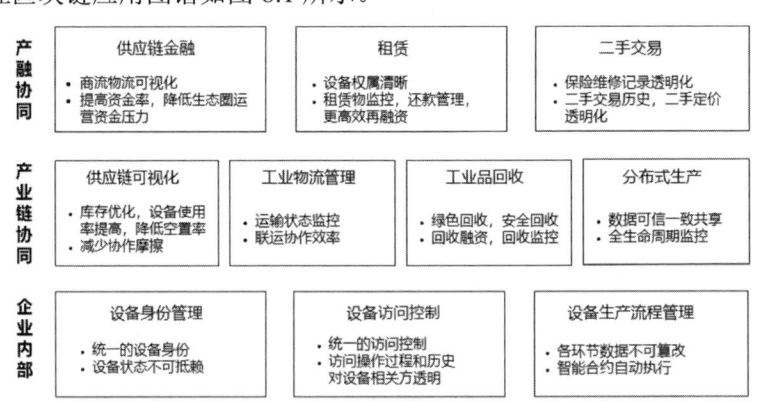

产融协同	供应链金融 • 商流物流可视化 • 提高资金率，降低生态圈运营资金压力	租赁 • 设备权属清晰 • 租赁物监控，还款管理，更高效再融资	二手交易 • 保险维修记录透明化 • 二手交易历史，二手定价透明化
产业链协同	供应链可视化 • 库存优化，设备使用率提高，降低空置率 • 减少协作摩擦	工业物流管理 • 运输状态监控 • 联运协作效率	工业品回收 • 绿色回收，安全回收 • 回收融资，回收监控	分布式生产 • 数据可信一致共享 • 全生命周期监控
企业内部	设备身份管理 • 统一的设备身份 • 设备状态不可抵赖	设备访问控制 • 统一的访问控制 • 访问操作过程和历史对设备相关透明	设备生产流程管理 • 各环节数据不可篡改 • 智能合约自动执行	

图 8.1　工业区块链应用图谱

来源：工业互联网产业联盟，《工业区块链应用白皮书（1.0 版）》。

基于区块链的设备状态及生产流程监管，通过将企业参与生产的设备所产生的数据以参与方身份写入区块链运营数据平台，从而使得这个产业链上下游企业所有设备端运营数据能以可信的、一致的方式写入共享分布式区块链账本。通过区块链不可篡改的账本记录与设备相关的运行状态数据，其中上链的工业互联网运营数据带有其拥有方的身份签名，从而明确界定数据提供方的责任，不可抵赖、不可污蔑。

在技术层面，首先实现设备数字化、智能化改造，可以将各类生产工艺参数质量检测数据采集汇总至边缘网关，实现边缘数据的上云与存储；然后由区块链服务实现对数据的记录，构建产品供应链历史记录，实现数据真实性校验。

在应用层面，平台将从单个产品出发，一路追踪该产品的所有加工工艺参数和各环节质检的数据，最终追踪到产品原材料的批次和供应商信息。在确定了原材料批次之后，可以反向追踪所有使用该批次原料生产的成品，以及交付的客户信息。

此外，对于监管机构，通过将监管方的身份加入硬件安全模块的例外名单，使得监管机构能够通过调用区块链智能合约的方式，低成本、高可信度地获取整个产业链中所有的运营状态信息，从而实现低介入的柔性监管，并以低成本实现监管统计的可信审计监察职能。

利用工业区块链技术，可以妥善保存解析系统从工业现场采集的数据，既实现了数据的去中心化，又能确保数据的真实、可靠、有效，实现设备的安全互联，也为标识可信解析提供了技术保障。

8.5 标识解析的发展趋势及展望

基于标识解析的数据服务将成为工业互联网应用的核心服务之一，闭环的私有标识及解析系统逐步向开环的公共标识及解析系统演进。产品全生命周期管理、跨企业产品信息交互等需求的增加，将推动企业私有标识解析系统与公共标识解析系统的对接，通过分层、分级模式，为柔性制造、供应链协同等具体行业应用提供规范的公共标识解析服务。同时通过语义与标识解析的融合技术解决跨系统、跨企业的多源异构数据互联互通的问题，提高工业互联网资源、信息模型、供应链参与方之间的协同能力，有利于数据的获取、集成和资源的发现，并基于数据创造更多增值服务。

工业互联网标识解析安全机制成为工业互联网应用的基础，发展安全高效的标识解析服务成为工业互联网的业内共识。针对工业互联网标识解析网络架构和行业应用的安全，建立一套高效的公共服务基础设施和信息共享机制，通过建设各级节点来分散标识解析压力，降低查询延迟和网络负载，提高解析性能，实现本地解析时延达到毫秒级。

同时，逐步建立综合性安全保障体系，支持对标识解析体系运行过程中产生的数字证书和加密管道进行创建、维护、管理和加密，支持对标识解析体系进行数据备份、故障恢复，以及应急响应的信息灾备，对业务处理实施身份认证和权限管理的访问控制，逐步形成安全高效的标识解析服务能力[14]。

另外，主动标识载体是新型的工业互联网标识载体，随着主动标识载体的普及，主动标识载体技术应用将是未来标识应用的重要着力点，主动标识载体技术也将成为新亮点。

通过主动标识载体与运营商公共网络能力的结合，使得网络覆盖范围大，具有加密、身份认证等安全能力，除了能承载标识，还能承载与标识相关的应用、标识载体主动发起与标识相关的服务，具有更自动化和智能化等特性。未来需不断推进主动标识从产业链源头赋码的能力，将其关联产品全生命周期信息，从通用集成电路卡、安全芯片、通信模组、终端设备等几个方面探索嵌入，实现面向智能联网设备构建身份认证、数据传输、安全连接等创新应用模式。联合智能联网设备相关标识解析二级节点，形成联动效应，构建面向联网设备全产业链的行业应用，推进区域、企业、设备的试点应用落地，形成应用成效[27]。

工业互联网标识应用与无线通信技术融合应用具有巨大发展空间。全连接数字化工厂需要实现以业务为中心的信息组织和自由流动，基于无线通信技术

（5G/6G等）大带宽、低时延、广连接的特性，结合标识解析体系形成的数据资源池，提炼过程监控、协同管理、数据可视化、预测分析、优化提升等应用服务，实现数字工厂的全要素连动式生产管理。通过对关键设备、设备备件、产品、部件、重保件、物料、在制品、制成品、库存等的统一标识化，串联企业关键数据。基于无线通信技术，工业互联网连接企业内部设备、人员、物料、制造过程，以及自动化、信息化系统，获取全量标识数据。通过对全量标识数据的获取和关键数据的统一管理，建成企业知识体系，建设数据和知识驱动的智能化工业互联网标识应用场景。其中，智能化是关键发展方向之一。

工业互联网标识应用将构建多跨的知识模型体系。工业互联网标识应用数据知识模型可以从企业生产活动中抽取，包括静态工艺机理知识、设备数字化模型等，也可以利用大数据分析技术，对数据进行处理、挖掘、加工后，依托算法进行推演导出。推动标识应用数据知识模型的重要性将伴随着标识应用的深度落地而逐步凸显。构建统一的行业工业互联网标识应用数据知识模型实现数据共享，用于解决不同行业、地区的企业标准数据交互问题。由于客观因素，不同类型的工业企业根据其自身的业务、环境、需求不同，会产生不同类型的数据，随着数字经济的发展，传统工业的服务性价值被逐渐挖掘，分享工业信息的需求不断提高，因此在数据知识模型中较为关键的是构建一种标准化的应用数据模型，实现工业制造物理资源的数字化表达，并通过一种科学的方法将数据在企业内或企业间分享。

工业互联网标识应用助力中小企业实现数字化转型。工业互联网标识解析二级节点持续发挥行业龙头带动作用，不断吸纳行业上下游企业接入标识解析体系，广大的中小企业将成为工业互联网标识应用服务的主要受众群体。未来，中小企业将拥有自己的工业互联网平台或系统，大量工业软件也将云化部署在平台上，工业互联网标识解析企业节点将根据自身业务场景、数据需求，打造符合自身发展的工业互联网标识应用。工业互联网标识应用也将随着中小企业的数字化转型融入工业体系的毛细血管。标识解析企业节点系统功能将不断开放、迭代、增强，结合工业互联网平台承载更多的功能应用。

新型标识支持高安全可信标识应用实现技术融合发展。基于区块链的去中心化身份（DID）新型标识，能够以主动标识载体为基础，借助工业互联网标识解析体系实现工业终端与工业互联网应用平台的主动连接和信息交互，推进工业企业供应链管理、生产流程管理、产品生命周期管理等核心能力转型升级。探索利用区块链基础设施能力，支持现有标识解析体系数据和交互信息上链，支撑高安全可信标识应用，实现融合发展。新型标识的应用将成为未来标识创新型应用的趋势之一。

综上所述，为了推动标识解析体系的推广工作，打通数字化转型供需与生态共建通道，必须依托行业联盟等社会化组织，汇聚行业领先企业及数字化转型服务商等产、学、研、用相关机构，建立数字化转型供需协同合作平台，整合产业链上下游企业资源，吸引投资，培育专业服务商、综合服务商、系统集成商综合体系，大力推广人工智能应用，才能全方位服务企业数字化转型。

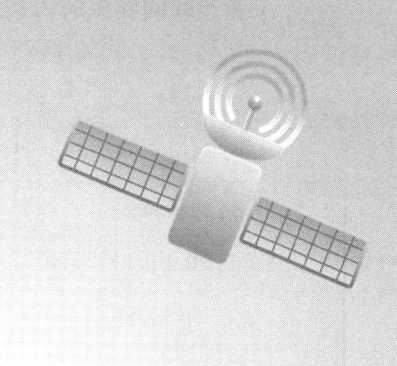

附录 A　术语表

表 A.1　术语表

术语	说明
实例（Instance）	一个独立的物理或逻辑元素的数据表达形式
关系（Relation）	类与类、类与属性、属性与值之间的联系
发布（Publish）	在外部文档中对数据结构进行建模
标识数据（Identification Data）	通过标识解析获得的数据，以及在工业互联网中生产和供应链中产生的数据
语义化（Semantic）	对数据对应的对象所代表的概念的含义，以及这些含义之间的关系进行显式表示的过程
数据来源（Data Source）	提取数据的出处，数据车间中端侧的数据主要来源于现场设备信息，边缘侧的数据主要来源于管理层的系统信息，包括但不仅限于 ERP、MES 等

参考文献

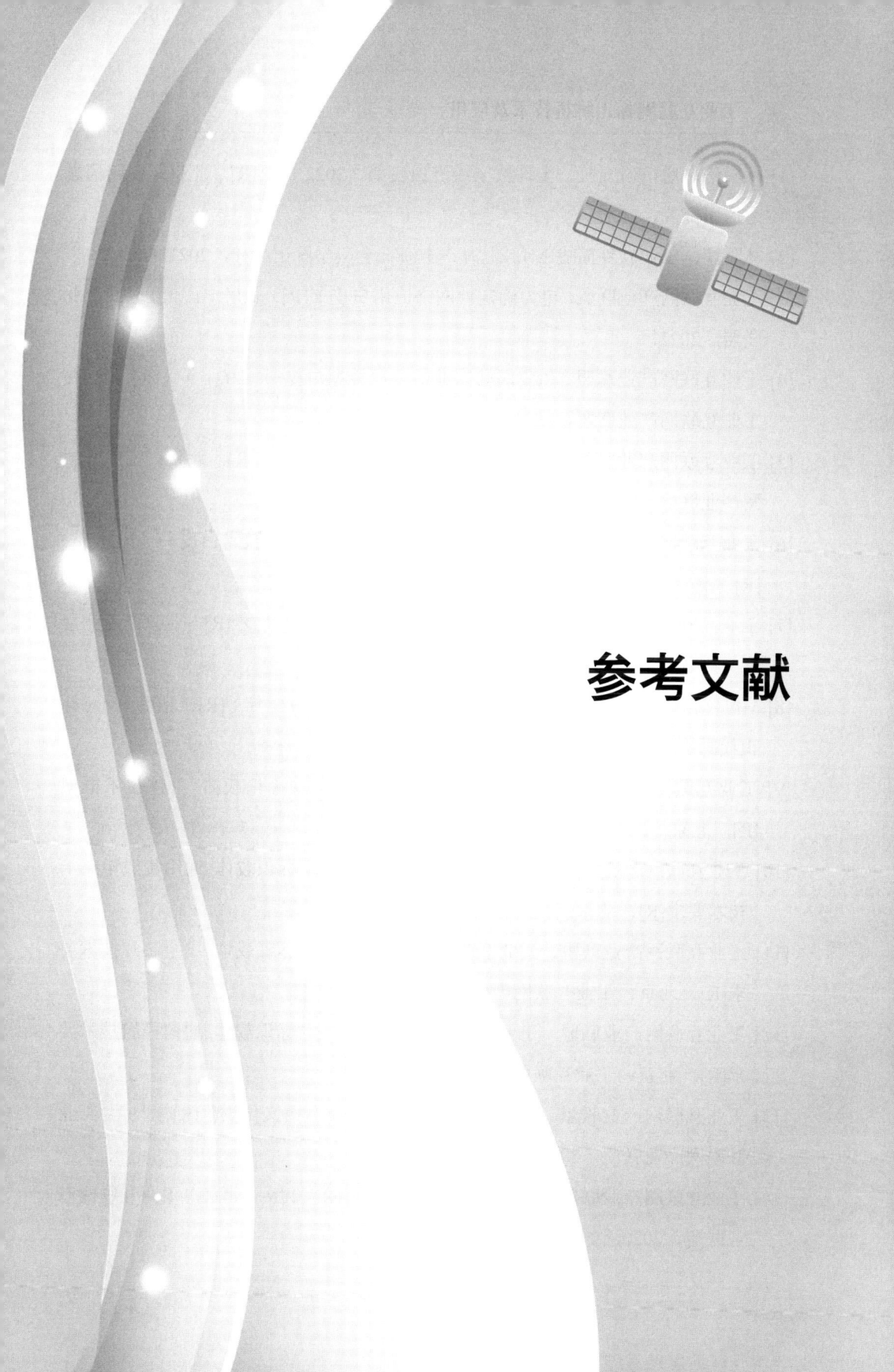

[1] 中国信息通信研究院．全球数字经济白皮书（2022年）[R]．北京：中国信息通信研究院，2022．

[2] 林雪萍．工业软件简史[M]．上海：上海社会科学院出版社，2021．

[3] 工业互联网产业联盟．电力确定性网络应用白皮书[R]．北京：工业互联网产业联盟，2022．

[4] 工业互联网产业联盟．生物医药企业数字化转型白皮书（2021年）[R]．北京：工业互联网产业联盟，2021．

[5] 工业互联网产业联盟．工业网络3.0白皮书（2022年）[R]．北京：工业互联网产业联盟，2023．

[6] 工业互联网产业联盟．工业互联网园区终端接入自动化技术白皮书（2021年）[R]．北京：工业互联网产业联盟，2021．

[7] 工业互联网产业联盟．工业4.0×工业互联网：实践与启示[R]．北京：工业互联网产业联盟，2020．

[8] MA标识代码管理委员会．MA标识体系白皮书（2021年）[R]．北京：MA标识代码管理委员会，2021．

[9] 工业互联网产业联盟．工业互联网标识解析 主动标识载体 总体技术框架[R]．北京：工业互联网产业联盟，2021．

[10] 工业互联网产业联盟．工业互联网标识解析 主动标识载体 通用集成电路卡技术要求[R]．北京：工业互联网产业联盟，2021．

[11] 工业互联网产业联盟．工业互联网标识解析 主动标识载体 安全芯片技术要求[R]．北京：工业互联网产业联盟，2021．

[12] 工业互联网产业联盟．工业互联网标识解析 主动标识载体 通信模组技术要求[R]．北京：工业互联网产业联盟，2021．

[13] 工业互联网产业联盟．工业互联网标识解析 数据语义化规范[R]．北京：工业互联网产业联盟，2022．

[14] 工业互联网产业联盟．工业互联网体系架构[R]．2版．北京：工业互联网产业联盟，2020．

[15] 工业互联网产业联盟. 工业互联网标识解析 标识注册管理协议与技术要求[R]. 北京：工业互联网产业联盟，2022.

[16] 工业互联网产业联盟. 工业互联网标识解析 权威解析协议与技术要求[R]. 北京：工业互联网产业联盟，2022.

[17] 工业互联网产业联盟. 工业互联网标识解析 标识数据参考模型[R]. 北京：工业互联网产业联盟，2022.

[18] 工业互联网产业联盟. 工业互联网标识解析 二级节点建设导则（2021年）[R]. 北京：工业互联网产业联盟，2021.

[19] 工业互联网产业联盟. 工业互联网标准体系[R]. 3版. 北京：工业互联网产业联盟，2021.

[20] 工业互联网产业联盟. 可信工业数据空间系统架构1.0 [R]. 北京：工业互联网产业联盟，2022.

[21] 工业互联网产业联盟. 工业互联网标识解析——安全风险分析模型研究报告[R]. 北京：工业互联网产业联盟，2020.

[22] 工业互联网产业联盟. 工业互联网 安全总体要求[R]. 北京：工业互联网产业联盟，2018.

[23] 工业互联网产业联盟. 工业互联网标识解析 接入认证技术要求[R]. 北京：工业互联网产业联盟，2022.

[24] National Institute of Standards and Technology. The NIST Cybersecurity Framework 2.0[R]. Gaithersburg,MD:National Institute of Standards and Technology，2023.

[25] 工业互联网产业联盟. 工业互联网平台 可信服务评估评测要求[R]. 北京：工业互联网产业联盟，2017.

[26] 中国信息通信研究院. 金融级数据库容灾技术报告（2021年）[R]. 北京：中国信息通信研究院，2021.

[27] 工业互联网产业联盟. 工业互联网标识应用白皮书（2021）[R]. 北京：工业互联网产业联盟，2021.

[28] 工业互联网产业联盟. 工业互联网标识行业应用指南（电力装备）[R]. 北京：工业互联网产业联盟，2021.

[29] 工业互联网产业联盟. 工业互联网标识行业应用指南（船舶）[R]. 北京：工业互联网产业联盟，2021.

[30] 工业互联网产业联盟. 工业互联网标识行业应用指南（汽车）[R]. 北京：工业互联网产业联盟，2021.

[31] 工业互联网产业联盟. 工业互联网标识行业应用指南（石化）[R]. 北京：工业互联网产业联盟，2021.

[32] 工业互联网产业联盟. 基于工业互联网的供应链创新与应用白皮书[R]. 北京：工业互联网产业联盟，2021.

[33] 工业互联网产业联盟. 工业区块链应用白皮书[R]. 1版. 北京：工业互联网产业联盟，2020.

反侵权盗版声明

电子工业出版社依法对本作品享有专有出版权。任何未经权利人书面许可，复制、销售或通过信息网络传播本作品的行为；歪曲、篡改、剽窃本作品的行为，均违反《中华人民共和国著作权法》，其行为人应承担相应的民事责任和行政责任，构成犯罪的，将被依法追究刑事责任。

为了维护市场秩序，保护权利人的合法权益，我社将依法查处和打击侵权盗版的单位和个人。欢迎社会各界人士积极举报侵权盗版行为，本社将奖励举报有功人员，并保证举报人的信息不被泄露。

举报电话：（010）88254396；（010）88258888
传　　真：（010）88254397
E-mail：　dbqq@phei.com.cn
通信地址：北京市万寿路 173 信箱
　　　　　电子工业出版社总编办公室
邮　　编：100036